新生代农民工融入城市生活丛书

# 安居篇


主编 王御覃 冯刚民

编委 王御覃 冯刚民
张国魁 贺宝恕
刘富刚 郭延会
康亚民 金小芳

WUHAN UNIVERSITY PRESS
武汉大学出版社

图书在版编目(CIP)数据

安居篇/王御覃,冯刚民主编．—武汉:武汉大学出版社,2010.10
(2013.10 重印)
新生代农民工融入城市生活丛书
ISBN 978-7-307-08114-7

Ⅰ.安… Ⅱ.①王… ②冯… Ⅲ.农民—劳动就业—基本知识—中国 Ⅳ.D669.2

中国版本图书馆 CIP 数据核字(2010)第 166934 号

责任编辑:聂勇军　　责任校对:黄添生　　版式设计:王　晨

---

出版发行:武汉大学出版社　(430072　武昌　珞珈山)
(电子邮件:cbs22@whu.edu.cn 网址:www.wdp.com.cn)
印刷:武汉中科兴业印务有限公司
开本:880×1230　1/32　印张:5.875　字数:129 千字
版次:2010 年 10 月第 1 版　　2013 年 10 月第 5 次印刷
ISBN 978-7-307-08114-7/D·1032　　定价:16.80 元

---

# 总　序

21世纪以来，指导“三农”工作的第7个中央一号文件于2010年1月31日发布。一号文件提出，要“着力解决新生代农民工问题”，这是党的文件中首次使用“新生代农民工”这个词。

新生代农民工，通常指1980年代、1990年代出生的登记为农村户籍而在城镇就业的人群。他们生长在农村，初高中毕业后进入城镇就业，或是自幼随打工父母在城镇长大。这部分农民工平均年龄23岁，八成未婚，多数初中毕业，总计约1亿人。

从20世纪80年代农民小规模的“盲流”，到90年代农民开始成规模、有计划地向城市流动，再到21世纪农村学生中学一毕业或没毕业就到城市打工，我国农民的城市化已经从自发被动变成自觉。在这一过程中，根据流动程度大小，我们可将农民工分为三个群体：一是基本融入城市的农民工；二是常年在城市打工、同时流动性较强的农民工；三是间歇或季节性在城镇务工，仍然兼顾农业生产的农民工。目前，第二类是农民工的主体，这些新生代农民工有一个共同特点：排斥自己的农民身份。有关调查显示，新生代农民工中，只有8.7%的人认为自己是农民身份，75%的人认为自己属于工人群体。他们对农业陌生，也不愿像父辈那样回到农村，他们不但文化素质较高，视野开阔（能从报纸、杂志、书籍、电视、网络等多种渠道获取知识、信息），易于融入城市（能成长为现代产业工人和接受城市生活方式），而且更为重要的是，他们拥有理想，富有工作激情，渴望更好的城市生活，期望通过自己的奋斗，能够实现在城市安居乐业的梦想。

然而，梦想很“丰满”，现实却很“骨感”。尽管近年来我国为进城打工农民工出台了许多保障措施，努力提高他们的工作地位，维护其基本权益，力图让他们体面劳动，过上有尊严的生活，但现实面前我们不无遗憾地发现，限于种种困难，这些政策、措施并没有完全落实下去，或暂时无法贯彻执行。在许多城市，一些农民工仍像20世纪80年代那样辛苦一月仍只能得到几百元，抛开基本生活费所剩无几。农民工地位仍很低，不但劳动合同签订率低，而且欠薪、工伤事故和职业病发生率过高。此外，社保体系也不完善，无法实行“一卡通”，造成农民工不愿办理社保。据全国总工会课题组调查显示，目前新生代农民工中，享有养老、医疗、失业保险的比例仅分别为21.3%、34.8%和8.5%。此外，户籍、住房、子女教育也是一个很大的问题。农民工尽管为城市做出了巨大贡献，却无法像城里人那样享受城里人该有的生活及福利待遇等。

因此，农民工朋友要想在城市站稳脚跟，找到一份相应的稳定工作并融入城市，最终成为城市的一员，还有很长的路要走。

但梦想终归是美好的，城市化进程已是大势所趋，农民工融入城市将只是时间问题。有鉴于此，我们特组织专门人员编写了这套《新生代农民工融入城市生活丛书》，这套丛书一共四本，分为认识篇，生存篇，安居篇，融入篇。每本书均定位准确，针对性强，注重实用性、指导性及操作性，无论你是准备进城务工还是想在城市长久生存，还是想在城市安居乐业，均能从本书中汲取相应的养分，寻找到合适答案。

当然，考虑到是针对农民工的读物，本书讲究通俗易懂、言简意赅，对当前困扰农民工的社保、医疗、住房及子女教育等如何融入城市的各种现实问题，本书并没有作太多过于高深的理论探讨。我们认为，对这些共性问题，那只是理论专家的事，是政府领导人考虑的事，而不是本书所要讨论的事，本书的主旨就是以最浅显的论述，最亲切平和的语言，最富有条理的方式，让出门打工者切实认识城市，让进城务工者能在城市学会生存，让有所成就的农民工安居乐业，并为心怀梦想的农民工如何更好地融入城市提供相关指导。

新生代农民工如何融入城市是个大问题，也是现实迫切问题，我们相信，随着全社会对此问题的关注，随着中央系列关注新生代农民工的政策陆续出台，新生代农民工融入城市的脚步声将越来越近，新生代农民工定会同城市市民一样，同踏一方热土，同洒一腔热血，同拥光荣梦想，同享城市文明，同分城市财富。

市民朋友，面对这批数字庞大的“陌生”的城市准市民，你们已经准备好了热情的双手和火热的拥抱么？

**编　者**

2010 年 6 月

# 前　言

由于农村和小城镇的生活习惯与城市相比还是有着较大的区别，很多从农村和小城镇进入城市工作和经商的朋友对城市的生活习惯还不是很了解，他们有时会觉得很难像城市人那样生活和工作。现实生活中可能有些朋友的言行举止和城里人的习惯存在一定的差距，因而引起社会上一些人对他们抱有不友好的看法，甚至导致某些过激行为的发生。进城务工人员如果不能够在一定程度上改变原来的生活习惯以尽快适应城市生活，必将对他们的工作、生活、社会交往以及其他一些方面带来较大的影响，同时也可能导致他们出现某些心理问题，增加心理上的压力。这一切都不利于进城务工人员顺利融入到城市生活中去，并且还有可能带来许多社会问题。

如何完成从乡村到城市的角色转换，如何适应城市生活频道的转换，如何在城市这个美丽的新世界立足，这是我们已在城市工作过一段时间的打工朋友关心和关注的问题。

我们希望通过这些城市生活常识的介绍，能让进城务工人员尽快地熟悉和了解城市生活的方方面面，尽快地适应城市生活，并快速融入到快节奏的现代城市生活中来。希望大家能将书中所提到的许多生活、工作、交往中的常识和小窍门应用到自己的日常生活中去，让大家能够在城市里生活得更为顺利、快乐，得到更多人的关心、尊重，从而有助于自己的职业发展。让我们大家的生活充满阳光！让我们的未来充满希望！

为农民朋友介绍城市生活的书籍非常多，且各有特色。我们根据进城务工人员的实际工作和生活情况，考虑到他们的阅读接受能力，为其“量身定做”了这本书，虽然不可能解决所有的问题，但是它完全可以成为农民朋友工作的敲门砖、适应城市生活的稳定器。希望本书能成为农民工朋友城市生活、成长的参考手册。

作　者

2010年5月

# 目　录

# 第一章　安居，融入城市

在许多大城市，不断飙升的高房价令城里人也望“房”兴叹，但新生代农民工的城市住房梦并未因此而破灭。他们中有越来越多的人拒绝入住工棚，凭着自己多年在城市的打拼而获得了事业的成功，并进而一步步地实现城市安居之梦。

## 购房，安居城市

目前，国家对住房完全放开，除非你是职业炒房客，否则，无论何人均可在城里购房改善生活。目前房地产市场鱼龙混杂，一套房总价格更是天文数字，进城农民工如果不懂政策，在购房时中了开发商的套，那就麻烦了。

### 1. 买房子应注意事项

农民工进城买房，一定要小心谨慎，买房之前要注意以下几点：

（1）开发商的开发经营资格必须合法。就是开发商必须具有《企业法人营业执照》和《房地产开发企业资质证书》，并是在其资质规定的业务范围进行开发的。

（2）开发建设的手续必须合法。开发项目必须取得《土地使用权证》、《建设用地规划许可证》、《建设工程规划许可证》和《建设工程施工许可证》。

（3）经营行为合法。现房销售除上述条件外还必须经过验收合格，项目道路、给排水、供电、供气、供热、通信和绿化等配套建设已经完成或者已经确定完成日期，落实了拆迁安置，落实了物业管理，并且按规定向房地产管理部门核验了《房地产开发项目手册》。期房预售除上述条件外还必须取得《商品房预售许可证》。

（4）在签订合同时，一是要选用国家工商行政管理总局和建设部的《商品房买卖合同》，该合同文本内容比较全，并且规范；二是注意把开发商承诺的内容写进合同。

（5）如果你买的是住宅，在交房时，要向开发商索取《住宅使用说明书》和《住宅质量保证书》。

办房屋产权证时应注意：产权面积和合同面积是否相同，如果不同，可以根据建设部《商品房销售管理办法》处理，另外办理了《房屋所有权证》后，还要办理《土地使用权证》。相关费用注意除了政策规定的以外，还有交易费和测量费，这些本应该是由开发商出的，但是开发商经常利用购买人不熟悉法规情况，将这些费用转嫁给购买人。

## 2. 购房五步流程

购买商品房是一个系统工程，哪一步也不可或缺，一般来说，购买商品房由以下五个流程构成，下面分流程介绍。

购买商品房流程第一步：签订认购书。

商品房正式销售工作开始后，一般会设立售楼处，购房人在认可本项目后，可到售楼处签订认购书，并缴纳定金。销售方应实事求是地向购房人介绍项目的进展情况，并将签约须知及有关的宣传资料和法律文件交给购房人。

签订认购书是商品房销售程序的一个重要环节，买卖双方签订认购书的主要内容包括：

（1）开发商名称、地址、电话；销售代理商名称、地址、电话；认购方名称、地址、电话、身份证件；指定律师所名称、地址、电话。

（2）认购物业的楼层、户型、房号、面积。

（3）房价。包括单价，总价。

（4）付款方式。包括一次性付款，分期付款，按揭付款。

（5）认购条件。包括：定金金额；签订正式契约的时间、地点；付款地址和账户，签订认购书至正式签约期间违约补偿方式和争议解决方式。

当签订完认购书后，销售方应给购房人一份《签约需知》，以使购房人清楚下一环节及签约有关细节。《签约须知》主要内容包括：

（1）项目法律文件：国有土地使用证号、销售许可证等。

（2）购房人应携带的有效身份证件；公司应携带的文件、购房批文等。

（3）房款支付方式。

（4）购房应缴纳的税费说明：印花税、契税、手续费、房产权属登记费、权证工本费、权证印花税。

购买商品房流程第二步：签订买卖契约。

购房人在签订认购书后，应在认购书中约定的时间内到指定地点签订正式契约。契约包括：内销商品房销售契约、内销商品房预售契约、外销商品房销售契约、外销商品房预售契约、经济适用住房买卖契约等。

签订买卖契约是整个购房程序中最重要的一环，契约也是销售中最重要的法律文件。契约一般为一式四份，其中正本两份，开发商和购房人各执一份。副本一份，开发商和当地房管部门各一份。契约的主要条款包括：

（1）土地使用证号及使用年限。

（2）商品房销售许可证号。

（3）房产名称及购房人购买房产的类型。

（4）所购物业的楼层、面积、房号、户型、交付使用日期。

（5）房价款。包括单价和总价。

（6）付款方式。

（7）双方违约条款。

（8）保修条款。

（9）买方接受物业管理公司管理条款。

（10）预售登记。

（11）房屋转让。

（12）房屋过户。

（13）纠纷、争议的解决方式。

（14）附件一：房屋户型图。

（15）附件二：装修设备标准。

（16）附件三：共有共用部位。同时购房人与开发商还可就其他内容签订补充条款。

购买商品房流程第三步：预售登记。

买卖双方只有办理完预售登记后，契约方能具备法律效力。买卖双方应在契约签订后 30 天内，到所属房屋土地管理局市场处办理。同时交纳印花税。在此期间，买方如转让其所购房产，买方与受让人应在契约上做背书，在背书签字之日起 15 日内，双方持有关证件到市场处办理转让登记，在转让登记申请表上签字，市场处在办理转让登记之日起十日内通知卖方。

购买商品房流程第四步：签订管理公约，办理入住手续。

当购房人按契约有关条款约定付清房款后，开发商发入住通知单，并安排购房人与物管公司接洽。物管公司将给购房人出具物管公约和收费标准。当购房人与物管公司签订管理公约并付清管理费后，就可以拿钥匙入住了。

购买商品房流程第五步：办理产权过户，领房产证。

购房人入住后，应尽快办理房屋产权过户，到房产部门领取房产证和土地证，只有拥有了这两样东西，才能证明你所居住的房屋是你自己的，房产“两证”也是你今后出卖此套房屋的唯一凭证。办理“两证”完全可以自己办理，一些开发商借口由他们代办，一来要收代办费，二来由于种种原因，他们总是尽量拖着不办。

## 如何办理购房贷款

### 1. 办理贷款的资格、所需手续及费用

贷款对象：

具有完全民事行为能力的中国自然人。

贷款条件：

（1）有当地常住户口或有效居留身份（身份证、户口簿、军人证件、暂住证等）。

（2）有稳定的职业和收入。

（3）信用良好，有按期偿还贷款本息的能力。

（4）有贷款人认可的资产作为抵押或质押，或借款人不能足额提供抵押（质押）时，有贷款人认可并符合规定条件，具有足够代偿能力的单位或个人作为偿还贷款本息并承担连带责任的保证人。

（5）有购买住房的合同或协议或有关批准文件。

（6）所购住房价格基本符合贷款人或其指定的房地产估价机构评估价值。

（7）不享受购房补贴的，以不低于所购住房全部价款的20%的存款或现金作为购房首期付款；享受购房补贴的，以个人承担部分的20%的存款或现金作为购房首期付款。

（8）贷款银行规定的其他条件。

（9）以上条款借款人需同时具备，且借款人应保证所提供资料的真实性、合法性。如因借款人的原因造成贷款人的损失，借款人应负赔偿责任。

## 2. 贷款所需手续

个人需提供资料：

（1）申请人及配偶（如已婚）的身份证。

（2）婚姻状况证明：已婚、未婚、离异。

（3）与售房单位签订的购房合同或协议及有关证明文件。

（4）《首付款证明》正本及其已付款的收据或在本银行不低于首付款的存款证明。

（5）收入证明（盖单位公章）。

（6）在职单位营业执照副本复印件（加盖公章并体现当年年检）。

（7）其他银行要求的文件。

由于各银行具体要求的不同，应提交的材料也会有所不同。

贷款相关费用：

（1）律师费：一般为申请贷款额的3‰，由律师事务所收取。

（2）保险费：为房价总额×费用系数×贷款年限，申请人一次交清，由保险公司收取。

（3）印花税：申请贷款额的0.05%，由税务局收取。

（4）银行开户费：人民币10元，由银行收取。

### 3. 首付及还贷期限

首付一般不低于二成（一般国家会根据当年房产政策对首付额进行调整），还贷期限为不超过30年。

## 买房子要交哪些税

有些购房者以为，只要交完购房款就万事大吉，等到去办按揭、签购房合同、入住时才发现还要向房管、银行等部门缴纳相关税费。买房时，有哪些税费要缴纳？什么时候缴纳呢？在这之前先让我们弄清楚什么是房产税？

## 1. 什么是房产税

（1）房产税。

房产税，是指以房屋为征税对象，按房屋的计税余值或租金收入为计税依据，向产权所有人征收的一种财产税。

（2）房产税的纳税人。

房产税以在征税范围内的房屋产权所有人为纳税人。产权属于全民所有的，由经营管理的单位缴纳。产权属于集体和个人所有的，由集体单位和个人纳税。产权出典的，由承典人纳税。产权所有人、典承人不在房屋所在地的，由房产代管人或者使用人纳税。产权未确定及租典纠纷未解决的，由房产代管人或者使用人纳税。外商投资企业和外国企业暂不缴纳房产税。

（3）房产税的征税范围。

房产税在城市、县城、建制镇和工矿区征收。其中，城市，是指经国务院批准设立的市。城市的征税范围为市区、郊区和市辖县县城，不包括农村。县城，是指未设立建制镇的县人民政府所在地。建制镇，是指经省、自治区、直辖市人民政府批准设立的建制镇。建制镇的征税范围为镇人民政府所在地，不包括所辖的行政村。工矿区，是指工商业比较发达，人口比较集中，符合国务院规定的建制镇标准，但尚未设立建制镇的大中型工矿企业所在地。

（4）房产税的计税依据。

房产税采用从价计征。计税办法分为按计税余值计征和按租金收入计征两种形式。

①对经营自用的房屋，以房产的计税余值作为计税依据。计税余值，是指依照税法规定按房产原值一次性减除10% ~30%的损耗价值以后的余额。

②对于出租的房屋，以租金收入为依据。房产的租金收入，是指房屋产权所有人出租房产使用权所取得的报酬，包括货币收入和实物收入。对以劳务或其他形式作为报酬抵付房租收入的，应根据当地同类房产的租金水平，确定一个标准租金额，依率计征。

③投资联营及融资租赁房产的计税依据。对投资联营的房产，在计征房产税时应予以区别对待。对于以房产投资联营，投资者参与投资利润分红，共担风险的，按房产的余值作为计税依据计征房产税；对以房产投资，收取固定收入，不承担联营风险的，即实际是以联营名义取得房产租金的，应根据有关规定由出租方按租金收入计算缴纳房产税。对融资租赁房屋的情况，在计征房产税时应以房产余值计算征收，至于租赁期内房产税的纳税人，由当地税务机关根据实际情况确定。

（5）房产税的税率。

房产税采用比例税率，根据房产税的计税依据分为两种：依据房产计税余值计税的，税率为1.2%；依据房产租金收入计税的，税率为12%；对个人按市场价格出租的居民住房，其应缴纳的房产税暂按4%的税率征收。

（6）房产税应纳税额的计算。

房产税应纳税额的计算公式为：

应纳税额=房产计税余值（或租金收入）×适用税率

房产计税余值=房产原值×（1-原值减除率）

（7）房产税的减免税优惠。

对于以下情况，可免征或减征房产税。前四项均为可免征房产税的情形。

①国家机关、人民团体、军队自用的房产，是指这些单位本身的办公用房和公务用房。

②由国家财政部门拨付事业经费的单位自用的房产，是指这些单位本身的业务用房。

③宗教寺庙、公园、名胜古迹自用的房产，是指举行宗教仪式的房屋和宗教人员的生活用房，以及供公共参观游览的房屋及其管理单位的办公用房。

④个人所有的非营业用的房产。

⑤经财政部和税务总局批准免税的其他房产。

（8）房产税的申报缴纳。

房产税的纳税申报是房屋产权所有人或其他纳税人缴纳房产税必须履行的法定手续。房产税实行按年征收，分期缴纳，纳税期限由省、自治区、直辖市人民政府规定。

（9）房产税的纳税地点。

房产税在房产所在地缴纳，房产不在同一地方的纳税人，应按房产的坐落地点分别向房产所在地的税务机关缴纳。

## 2. 房产税包含哪些项目

### 契税

契税，是指以所有权发生转移变动的不动产为征税对象，向产权承受人征收的一种财产税。

（1）契税的纳税人。

在中华人民共和国境内转移土地、房屋权属，承受的单位和个人为契税的纳税人。

（2）契税的征税范围。

①国有土地使用权出让。

②土地使用权转让。包括出售、赠与和交换。

③房屋买卖。包括以房产抵债或以实物交换房屋；以房产作投资或作股权转让；买房拆料或翻建新房。

④房屋赠与。

⑤房屋交换。

（3）契税的计税依据。

①国有土地使用权出让、土地使用权出售、房屋买卖，其计税依据为成交价格。

②土地使用权赠与、房屋赠与，其计税依据由征收机关参照土地使用权出售、房屋买卖的市场价格核定。

③土地使用权交换、房屋交换，其计税依据是所交换的土地使用权、房屋的价格差额。

（4）契税的税率。

契税实行幅度比例税率。契税的税率由省、自治区、直辖市人民政府在3%～5%范围内，按照本地区实际情况确定，并报财政部和国家税务总局备案。

①契税应纳税额的计算：

应纳税额＝计税依据×税率

契税应纳税额以人民币计算。转移土地、房屋权属以外汇结算的，按照纳税义务发生之日中国人民银行公布的人民币市场汇率中间价，折合成人民币计算。

②契税的减免税优惠。

有下列情形之一的，减征或免征契税：

※ 国家机关、事业单位、社会团体、军事单位承受土地、房屋用于办公、教学、医疗、科研和军事设施的，免征契税。

※ 城镇职工按规定第一次购买公有住房的，免征契税。

※ 因不可抗力丧失住房而重新购买住房的，酌情准予减征或免征契税。

※ 土地、房屋被县级以上人民政府征用、占用后，重新承受土地、房屋权属的，由省级人民政府确定是否减免。

※ 承受荒山、荒沟、荒丘、荒滩土地使用权，并用于农、林、牧、渔业生产的，免征契税。

※ 应当予以免税的外国驻华使馆、领事馆、联合国驻华机构及其外交代表、领事官员和其他外交人员承受土地、房屋权属。

※ 财政部规定的其他减征、免征契税的项目。

（5）契税的申报缴纳。

契税的纳税义务发生时间为纳税人签订土地、房屋权属转移合同当天，或纳税人取得其他具有土地、房屋权属转移合同性质凭证的当天。自纳税义务发生之日起10日内，纳税人应当向土地、房屋所在地的契税征收机关办理纳税申报，并在契税征收机关核定的期限内缴纳税款。契税应在土地、房屋所在地的征收机关缴纳。纳税人办理纳税事宜后，征收机关应向纳税人开具契税完税凭证。

**印花税**

印花税，是指对经济活动和经济交往中书立、领受的应税经济凭证所征收的一种税。

（1）印花税的纳税人。

在中华人民共和国境内书立、领受《印花税暂行条例》所列举凭证的单位和个人，都是印花税的纳税义务人。具体包括立合同人、立账簿人、立据人、领受人。

（2）印花税的征税范围。

现在只对《印花税暂行条例》列举的凭证征收印花税，具体包括五类凭证：经济合同、产权转移书据、营业账簿以及权利、许可证照和经财政部确定征税的其他凭证。

（3）印花税的计税依据。

印花税根据不同征税项目，分别实行从价计征和从量计征两种征收方式。

从价计税情况下计税根据的确定。各类经济合同，以合同上记载的金额、收入或费用为计税依据；产权转移书据，以书据中记载的金额为计税依据；记载金额的营业账簿，以实收资本和资本公积两项合计的金额为计税依据。

从量计税情况下计税依据的确定。实行从量计税的其他营业账簿和权利、许可证照，以计税数量为计税依据。

（4）印花税的税率。

现行印花税采用比例税率和定额税率两种税率。比例税率有五档，即千分之一、千分之三、万分之五、万分之三和万分之零点五。适用定额税率的是权利许可证照和营业账簿税目中的其他账簿，单位税额均为每件五元。用于房地产产权转移书据，税率为万分之五；房屋租赁合同税率为千分之一；房屋买卖合同税率按照合同所载金额的万分之三收取。

印花税应纳税额的计算：

应纳税额=计税金额×适用税率

按定额税率计算应纳税额的方法：

应纳税额=凭证数量×单位税额

（5）印花税纳税环节和纳税地点。

印花税应当在书立或领受凭证时贴花，一般实行就地纳税。印花税实行由纳税人根据规定自行计算应纳税额，购买并一次性贴足印花税票（以下简称贴花）的缴纳办法。为了简化贴花手续，应纳税额较大或者贴花次数频繁的纳税人，可向税务机关提出申请，采取以缴款书代替贴花或者按期汇总缴纳的办法。

（6）印花税票。

印花税票是缴纳印花税的完税凭证，由国家税务总局负责监制，应贴在纳税凭证上。其票面金额以人民币为单位，分为壹角、贰角、伍角、壹元、贰元、伍元、拾元、伍拾元、壹佰元九种。印花税票为有价证券。印花税票可以委托单位或个人代售，并由税务机关付给5%的手续费，从实征印花税款中提取。

**营业税**

营业税，是指对有偿提供应税劳务、转让无形资产和销售不动产的单位和个人，就其营业收入额征收的一种税。

（1）营业税的纳税人。

营业税的纳税人，是在中华人民共和国境内提供应税劳务、转让无形资产或者销售不动产的单位和个人。在我国境内转让土地使用权或销售建筑物及其土地附着物，从事房地产租赁或代理等相关业务的单位和个人，是营业税的纳税人。

（2）营业税的计税依据。

营业税的计税依据，是提供应税劳务的营业额、转让无形资产的转让额或者销售不动产的销售额，这些统称为营业额。它是纳税人向对方收取的全部价款和在价款之外取得的一切费用，如手续费、服务费、基金等。

（3）营业税的税目税率。

营业税实行比例税率，建筑业、建筑安装、修缮装饰及其他工程为3%，租赁业为5%，销售不动产、建筑物及其他土地附着物为5%，从事房地产中介服务为10%。

## 3. 城市维护建设税及教育费附加

（1）城市维护建设税。

城市维护建设税按区域设定不同的税率，纳税人所在地在市区的，税率为7%；纳税人所在地在县城、镇的，税率为5%；纳税人所在地不在市区、县城或镇的，税率为1%。对跨地区经营、联合经营、临时经营的单位和个人，申报、缴纳城市维护建设税的地点和适用税率，应以缴纳“三税”的地点及当地规定的税率为准。

（2）教育费附加。

教育费附加的计算方法：

$$教育费附加=计征依据\times附加率$$

## 4. 其他与房地产相关的税种

（1）固定资产投资方向调节税。

固定资产投资方向调节税，是指国家对在我国境内进行固定资产投资的单位和个人，就其固定资产投资的各种资金征收的一种税。

固定资产投资方向调节税的特点表现为以下几个方面：

①固定资产投资方向调节税的纳税人。

在中华人民共和国境内进行固定资产投资的单位和个人，为固定资产投资方向调节税的纳税义务人。包括用各种资金进行固定资产投资的国家机关、事业单位、社会团体、部队、企业、个体工商户和个人，但外商投资企业除外。

②应纳税的固定资产投资的范围。

应纳税的固定资产投资包括基本建设投资、更新改造投资、商品房投资和其他固定资产投资。

③固定资产投资方向调节税的计税依据。

固定资产投资方向调节税的计税依据为固定资产投资项目实际完成的投资额。不同投资项目有不同的计税依据，其中，基本建设项目以其实际完成的投资总额为计税依据，更新改造投资项目以建筑工程实际完成的投资额为计税依据，其他固定资产投资项目以其实际完成的投资额为计税依据。

④固定资产投资方向调节税的税目税率。

固定资产投资方向调节税根据国家产业政策和项目经济规模实行差别税率，分为0%、5%、10%、15%、30%。固定资产投资项目按其单位工程分别确定适用的税率，税目税率依照

《固定资产投资方向调节税暂行条例》所附的《固定资产投资方向调节税税目税率表》执行。税目税率表未列出的固定资产投资（不包括更新改造投资），税率为15%，除适用税目税率表中0%税率以外的更新改造投资，税率为0%。

⑤固定资产投资方向调节税的纳税期限。

固定资产投资方向调节税按固定资产投资项目的单位工程年度计划投资额预缴。年度终了后，按年度实际完成投资额结算，多退少补；项目竣工后，按全部实际完成投资额进行清算，多退少补。

⑥固定资产投资方向调节税的纳税地点。

固定资产投资方向调节税应在项目所在地由建设单位负责办理纳税手续和缴纳税款，由项目所在地税务机关就地征收。

⑦固定资产投资方向调节税的减免。

按照国家规定不纳入计划管理，投资额不满5万元的固定资产投资，固定资产投资方向调节税的征收和减免由省、自治区、直辖市人民政府决定。

（2）交房时需要缴纳的费用。

交房时需要缴纳的费用主要有房屋维修基金、装修保证金、物业费等费用。

①房屋维修基金：购房款的2%～3%。

它是公共设施、共用设备（涉及房屋共有部分如外墙、屋顶、下水道、水管等）的维修基金。目前一般大城市执行的收费办法是：

不含电梯：总房款×2%

含电梯：总房款×3%

部分试点楼盘按 50～60 元/平方米收取

开发商或者物业公司要在当地房管局指定的银行开户后，购房者可以自行缴纳。一般来说，购房者在领取钥匙，办理入住手续时，开发商就会代收房屋维修资金。

②物业管理费：从收房日开始计算。

以购房人验收房屋合格之日起开始计算。如开发商发出入住通知书后，购房人无正当理由不进行收楼的，物业管理费可以从发出入住通知书一个月后开始计算。一般先交三个月。

产权人长期不住的房屋或开发商未售出的空置房，均应缴纳物业管理费。

③权属登记费：80 元/套。

权属登记费就是办理房产证的费用。

如果你买的是二手房，除了契税外，还应该缴纳营业税、个人所得税等。

## 十步，打造一个舒适的家

第一步：家装咨询。

用户向设计师咨询家装设计风格、费用、周期等。

（1）洽谈。

用户请装修公司装修，要把自己的要求告诉公司。

用户提出的要求最好事先经全家人详细讨论过，尽量一次性告诉装修公司。

装修公司会仔细聆听用户的意见，并作记录。如果事后装修公司发觉有不清楚的地方，会与用户联络直到完全明了为止。

（2）设计。

装修公司收到用户的平面图之后，会由设计师亲自到现场测量及观察现场环境，研究用户的要求是否可行，并且获取现场设计灵感。初步选出一些材料样品介绍给用户，如果用户表示同意，设计师会进一步提供详细的工程图和逐项分列的报价单，这时用户要向装修公司提供准备采用的家具、设备资料，以便配合设计。

装修公司最后提供的图纸和报价单，应表达清楚每个部位的尺寸、做法、用料（包括品牌、型号）、价钱。例如，不能用笼统一句“厨房组合柜一套”来概括详细项目。如果有些组合柜是由许多小组合柜组成的，用户应清楚这些小组合柜的型号、尺寸、相关配件等内容。

用户收到工程图和报价单后，一定要仔细阅读，查看您所要求的装修项目，装修公司是否已全部提供，有没有漏掉项目。许多用户往往关心的只是最后一个总报价，假若这总报价并不包括用户需要的项目，那您将会受到经济损失。

如果你不清楚这件家具做好后是什么样子，可要求装修公司提供该件家具的立体图。不明则要问，不合适要改，直到认为满意为止。由洽谈到设计完成，中小型住宅的设计时间通常需 2 周至 4 周。

第二步：现场量房。

由设计师到用户拟装修的居室进行现场勘测，并进行综合的考察，以便更加科学、合理地进行家装设计。

定量测量：主要测量室内的长、宽，计算出每个用途不同的房间的面积。

定位测量：主要标明门、窗、暖气罩的位置（窗户要标出数量）。

高度测量：主要测量各房间的高度。

在测量后，按照比例绘制出室内各房间平面图，平面图中标明房间长、宽并详细注明门、窗、暖气罩的位置，同时标明新增设的家具的摆放位置。

第三步：预算评估。

根据用户选择的设计风格，设计师进行家装设计，并有用户反馈，最终确定设计方案、图纸及相关预算。

包工包料是指将购买装饰材料的工作委托给装修公司，由装修公司统一报出材料费和工费。而“包清工”是指用户自己来买材料，由工人来施工，工费付给装修公司。许多用户担心采用包工包料这种形式，会给装修公司提供以次充好、虚报冒领的机会，所以想采用“包清工”的形式，自己去购买装饰材料。其实“包清工”这种做法存在着不少弊端：

（1）装修一般需30～40天，用户自己购买材料，要搭上很大的精力和很多时间，如果购买装饰材料不及时，容易延误工期。

（2）用户自己购买装饰材料，材料的质量不好保证，因为最贵的并不是最好的。用户往往对如何挑选装饰材料一知半解，对材料的质地、用途了解甚少，容易买质次价高的材料。

（3）用户购买自家的材料，因为数量少，往往不是批发价格。

（4）一旦工程质量出现问题，不易分清是工艺质量问题，还是材料质量问题。

（5）用户自己买材料，极易造成浪费，因为您不懂计算用量，一般都是工人让买多少就买多少。

（6）用户自己要雇车来运料，往往不止一次，不仅运费高，而且车的利用率较低。

（7）材料剩下后，自己没法处理，造成一定浪费。

既然“包清工”有这么多弊端，为什么还有不少用户愿意自己购买装饰材料呢？因为这些消费者往往对装修公司缺乏应有的信任，认为装修公司购买装饰材料会用劣质材料来蒙骗自己，所以宁愿自己跑腿去买材料，这样做不仅省不了多少钱，而且还会费力不讨好，给施工留下不少隐患。

包工包料是装修公司采用的比较普遍的做法，这种做法可以省去用户很多麻烦。正规的装修公司透明度很高，施工采用的各种材料的质地、规格、等级、价格、收费、工艺都会给您一一列举清楚。

另外，装修公司常与材料供应商打交道，都有自己固定的供货渠道、相应的检验手段，因此很少买到假冒伪劣的材料。供料商很清楚，在目前买方市场的形势下，能保住一个固定的大客户是相当不容易的，稍有不慎就会失掉一个客户。装修公司对于常用材料都会大批购买，能拿到很低的价格。

根据以上的分析，您就会得出自己的结论：包工包料还是比“包清工”好。

第四步：签订合同。

在双方对设计方案及预算确认的前提下，就要签订一份完整而详细的《装饰装修工程施工合同》，明确双方的权利与义务。

在家庭装修时，变更项目即通常所说的增减项目，只是在原有的合同基础上，就增减的工程项目进行详细的说明，合同双方共同协商每一个增减项目，并且详细地说明每一个增减项目的做法、收费标准，直到双方确认、共同签字认可方为有效。

签订变更合同应注意两点：

双方在增减项目时，不要以口头达成的协议为准，一定要及时签订书面变更合同。

签订变更合同要及时通过相关鉴证，以避免日后纠纷的发生。

第五步：现场交底。

由用户、设计师、工程监理、施工负责人四方参与，在现场由设计师向施工负责人详细讲解预算项目、图纸、特殊工艺，协调办理相关手续。

家居装修装饰是采用对人体无害装饰材料，按照能体现实用、安全、经济、美观原则的装饰设计要求，以科学的技术工艺方法，对家庭居室内部固定的六面体进行装饰装修，塑造出一个美观实用、整体效果舒适的室内环境。一般它主要包括以下一些内容：

（1）地面装修。地面是家居的重要部分，对它进行装修，主要在色彩、质地图案等方面加以装饰改观。

（2）墙面装修。墙面装修即立面装修，它可以采用抹灰、粉刷、涂饰、镶贴、屏挂等多种方法进行装饰施工。

（3）顶棚装修。顶棚的装修是采用各种材料进行各种无吊顶顶棚或吊顶顶棚的施工。同时，还要设置必要的水暖、通风、照明、音响等设备。

（4）家具及其他家居设备的设置。家具、各种家用电器、卫生设备等的设置也是家居装修的一个重要内容。

（5）其他物品的设置。它主要包括家居摆设、字画、盆花等的设置。有时，这些物品对室内装修能起到很好的装饰效果。

居室装修力求做到以下三个方面：

（1）弥补土建完工后的不足。考虑到生活条理化，将空间合理地分区，动静环境及其使用频率安排得井然有序，使居住者生活方便。

（2）增强舒适性、美观性。装饰家居应以美观、舒适、整洁、方便为原则，力求质朴优雅，富有情调。

（3）表现自我个性。根据家庭成员的阅历、性格、爱好和文化素养选定居室的装饰风格，充分体现个人的个性。

第六步：材料验收。

家装材料进场后，经用户按与装修公司签订的材料质量标准进行验收，确认后方可进场施工。

第七步：中期验收。

由用户、设计师、工程监理、施工负责人参与，验收合格后在质量报告书上签字确认。

近年来因家庭装修引发的纠纷日益增多，为了使装修公司与消费者双方都满意，消费者就要懂得如何验收。消费者可根据相关家庭装饰工程质量验收规定去验收自己的居室装修是否合格。

验收除了鉴定装修整体效果外，主要还是看手工质量是否令人满意。验收可以从以下几个方面进行鉴定：

（1）照明电路安装要符合规程，插座、灯具开关、总闸、漏电开关等要有一定的高度，厨房、空调要专线敷设，电视天线和电话专线要安装在便于维修的位置。

(2) 排水要顺畅，无渗漏、回流和积水现象，高档水件无钳痕及擦花现象。

(3) 新砌墙体要垂直，保持砖体水平面一致，接缝均匀整齐，砖缝不超过1mm，瓷片整体误差不超过0.8cm。

(4) 平面天花板整体误差不超过0.5cm，板与板夹缝不超过0.3mm；塑料天花板误差不超过0.5mm。

(5) 木封口线、角线、腰线饰面板碰口缝不超过0.2mm，线与线夹口角缝不超出0.3mm，饰面板与板碰口不超过0.2mm，推拉门整面误差不超出0.3mm。

(6) 油漆要光滑、手感好，无扫痕裂缝，一米内无色差和钉眼。

(7) 墙身面平线直，一米内无明显的凸感和色差，摸抹时无甩灰。

总之，施工质量与施工队伍素质有关，又与施工项目单价有关。最好的办法就是动工前双方签订合同，明确装修要求和验收标准。

第八步：尾期验收。

家装工程尾期，要进行一次全面验收，对照装修合同，逐一验收落实，该补工的要补工，该返工的要返工，该推倒重来的要推倒重来。在验收时，注意要装修公司留一份电路图、水路图等。

第九步：工程完工。

家装工程全部完工，施工现场清洁、整理，房子可以入住。

第十步：家装保修。

按合同约定，由装修公司负责一定期限的家装工程的维修工作。

用户在使用过程中如发现质量问题，先同装修公司取得联系，把发生的质量问题向装修公司说明，凡是由装修公司所做的装修，都可以进行保修，保修期为两年。下列问题可进行保修：由于季节温差造成的开裂、变形（包括饰面板、墙地砖、木材、成品等）；由施工质量造成的问题，如水管漏水、电路短路等。

保修期内出现质量问题应如何解决？

在保修期内出现质量问题，用户可直接找到原施工队所在公司的负责人，如证实属于施工质量问题后，装修公司必须无条件地为用户换工换料，不可拖延。如果装修公司拒绝为用户保修，这时用户可以直接向家装市场的质检部投诉，由市场管理部门出面勒令装修公司为用户无条件保修或直接由装修公司赔偿用户一切经济损失。

# 第二章 保障，安享城市生活

根据法律法规和有关政策规定，农民工参加社会保险享有与城镇职工同样的权利。值得提醒的是，农民工就业首先须与用人单位建立劳动合同，以保护自己参加社会保险的权利不受侵害，或在正当合法权益受到侵害，需要通过法律途径解决时为自己提供有力证据。一般来说，社会保险体系主要包括以下五项内容：

（1）养老保险：劳动者因年老丧失劳动能力时，在养老期间发给生活费，以及生活方面给予照顾。

（2）失业保险：劳动者在失业时给予一定期限的生活费、医疗补助，以及职业培训、职业介绍补贴等保障措施。

（3）工伤保险：劳动者因工负伤，暂时或永久丧失劳动能力后的工资收入补偿，也是对因工负伤劳动者的医疗护理和生活照顾措施。

（4）医疗保险：劳动者在患病期间在医疗、护理方面的保障措施。

（5）生育保险：女职工在生育期间的收入补助和保障措施。

# 工伤保险

## 1. 什么是工伤和工伤保险

工伤，又称“职业伤害”、“工作伤害”，包括因工作遭受事故伤害和患职业病两种情况。

工伤保险，又称职业伤害保险，是通过社会统筹的办法，集中用人单位缴纳的工伤保险费，建立工伤保险基金，对劳动者在生产经营活动中遭受意外伤害或职业病，并由此造成死亡、暂时或永久丧失劳动能力时，给予劳动者及其家属法定的医疗救治以及必要的经济补偿的一种社会保险制度。这种补偿既包括医疗、康复所需要的费用，也包括保障基本生活的费用。

## 2. 农民工能否参加工伤保险

国务院颁布实施的《工伤保险条例》规定，中华人民共和国境内的各类企业、有雇工的个体工商户（用人单位）应当依照《工伤保险条例》规定参加工伤保险，为本单位全部职工或者雇工缴纳工伤保险费。中华人民共和国境内的各类企业的职工和个体工商户的雇工，均有依照《工伤保险条例》的规定享受工伤保险待遇的权利。

这里所称的职工，是指与用人单位存在劳动关系（包括事实劳动关系）的各种用工形式、各种用工期限的劳动者。农民工作为职工的一员，同样有依照《工伤保险条例》的规定享受工伤保险待遇的权利。凡是与用人单位建立劳动关系的农民工（包括已签订劳动合同，或虽未签订劳动合同，但与用人单位存在事实劳动关系的），用人单位都应当为其参加工伤保险，及时办理工伤保险参保手续并缴纳工伤保险费。

### 3. 农民工如何参加工伤保险

根据《工伤保险条例》的有关规定精神，2004 年 6 月劳动和社会保障部发出了《关于农民工参加工伤保险有关问题的通知》，明确了农民工参加工伤保险的有关政策。主要包括：

凡是与用人单位建立劳动关系的农民工，用人单位必须及时为他们办理参加工伤保险的手续。对用人单位为农民工先行办理工伤保险的，各地经办机构应予办理。

用人单位注册地与生产经营地不在同一统筹地区的，原则上在注册地参加工伤保险。未在注册地参加工伤保险的，在生产经营地参加工伤保险。农民工受到事故伤害或患职业病后，在参保地进行工伤认定、劳动能力鉴定，并按参保地的规定依法享受工伤保险待遇。用人单位在注册地和生产经营地均未参加工伤保险的，农民工受到事故伤害或患职业病后，在生产经营地进行工伤认定、劳动能力鉴定，并按生产经营地的规定依法由用人单位支付工伤保险待遇。

### 4. 工伤保险费由谁来缴纳

工伤保险费由企业或雇主按国家规定的费率缴纳，劳动者个人不缴纳任何费用。

## 5. 什么样的事故属于工伤

《工伤保险条例》规定，职工有下列情形之一的，应当认定为工伤：

（1）在工作时间和工作场所内，因工作原因受到事故伤害的。

（2）工作时间前后在工作场所内，从事与工作有关的预备性或者收尾性工作受到事故伤害的。

（3）在工作时间和工作场所内，因履行工作职责受到暴力等意外伤害的。

（4）患职业病的。

（5）因工外出期间，由于工作原因受到伤害或者发生事故下落不明的。

（6）在上下班途中，受到机动车事故伤害的。

（7）法律、行政法规规定应当认定为工伤的其他情形。

《工伤保险条例》还规定，职工有下列情形之一的，视同工伤：

（1）在工作时间和工作岗位，突发疾病死亡或者在48小时之内经抢救无效死亡的。

（2）在抢险救灾等维护国家利益、公共利益活动中受到伤害的。

（3）职工原在军队服役，因战、因公负伤致残，已取得革命伤残军人证，到用人单位后旧伤复发的。

《工伤保险条例》也规定，职工有下列情形之一的，不得认定为工伤或视同工伤：

（1）因犯罪或者违反治安管理伤亡的。

（2）醉酒导致伤亡的。

（3）自残或者自杀的。

## 6. 参保后享受哪些待遇

农民工发生工伤事故后，与城镇居民职工享有同样的工伤待遇。

农民工在因工伤暂停工作接受工伤医疗的停工留薪期内，可以享受工伤医疗待遇。原工资福利待遇不变，由所在单位按月支付。

农民工因工伤残经劳动部门鉴定为1~10级伤残的，可享受一次性伤残补助金。除此之外，被鉴定为1~4级伤残的农民工，保留劳动关系，退出工作岗位，按月享受伤残津贴；经鉴定确认需要生活护理的，还可按月享受生活护理费（1~4级伤残农民工也可选择一次性享受工伤保险长期待遇）。被鉴定为5~6级伤残的农民工，保留劳动关系，由用人单位安排适当工作，难以安排的，由用人单位按月发放伤残津贴。

经劳动能力鉴定为5~10级伤残的农民工，与用人单位解除或终止劳动关系时，由用人单位支付一次性工伤医疗补助金和伤残就业补助金。

农民工因工死亡的，直系亲属可享受丧葬补助金和一次性工亡补助金，符合条件的供养亲属还可按月享受或要求一次性领取供养亲属抚恤金。

用人单位应当参加工伤保险而没有参保，在此期间用人单位职工发生工伤的，由该用人单位按照规定的工伤保险待遇项目和标准支付费用。

用人单位使用童工或非法用工单位使用农民工致残的，由单位支付治疗期间的费用（含护理、食宿费用等），医疗终结经劳动能力鉴定，由单位给予一次性赔偿。

## 7. 如何办理工伤认定手续

（1）申请工伤认定手续。

农民工发生事故伤害或者按照职业病防治法规定被诊断、鉴定为职业病，所在单位应当自事故伤害发生之日或者被诊断、鉴定为职业病之日起 30 日内，为其申请工伤认定。用人单位未在规定时限内提出工伤认定申请的，农民工或者其直系亲属、工会组织在事故伤害发生之日或者被诊断、鉴定为职业病之日起 1 年内，可以直接向劳动保障部门提出工伤认定申请。

如患职业病的，还需要提供职业病诊断证明书（或职业病诊断鉴定书）。

（2）劳动能力鉴定。

发生工伤的农民工在医疗期满或医疗期内工伤治愈时，用人单位、工伤农民工本人或其直系亲属应当向当地劳动能力鉴定委员会提出劳动能力鉴定申请。申请时应提供书面申请报告、工伤认定结论、疾病诊断证明书、检验结果（报告）、诊疗病历等原始资料。

## 8. 国家对工伤认定有哪些规定

《工伤认定办法》（劳动和社会保障部令第 17 号）规定，职工发生事故伤害或者按照职业病防治法规定被诊断、鉴定为职业病，所在单位应当自事故伤害发生之日或者被诊断、鉴定为职业病之日起30日内，向统筹地区劳动保障行政部门提出工伤认定申请。遇有特殊情况，经报劳动保障行政部门同意，申请时限可以适当延长。用人单位未按前款规定提出工伤认定申请的，工伤职工或者其直系亲属、工会组织在事故伤害发生之日或者被诊断、鉴定为职业病之日起1年内，可以直接向用人单位所在地统筹地区劳动保障行政部门提出工伤认定申请。

按照规定应当由省级劳动保障行政部门进行工伤认定的事项，根据属地原则由用人单位所在地的设区的市级劳动保障行政部门办理。用人单位未在规定的时限内提交工伤认定申请，在此期间发生符合规定的工伤待遇等有关费用，由该用人单位负担。

## 养老保险

### 1. 什么是养老保险

养老保险是国家和社会根据一定的法律和法规，为保障劳动者在达到国家规定的解除劳动义务的劳动年龄界限以后，或因年老丧失劳动能力退出劳动岗位后的基本生活而建立的一种社会保险制度。养老保险一般具有以下几个特点：（1）由国家立法，强制实行，企业单位和个人都必须参加，符合养老条件的人，可向社会保险部门领取养老金。（2）养老保险费用，一般由国家、单位和个人三方共同负担，并实现广泛的社会互济。（3）养老保险具有社会性，影响很大，享受人员多且时间较长，费用支出庞大。

## 2. 农民工能参加城镇企业职工基本养老保险吗

劳动和社会保障部颁布的《关于贯彻两个条例扩大社会保险覆盖范围加强基金征缴工作的通知》（劳社部发【1999】10号）规定，城镇各类用人单位及其职工，都要依法参加社会保险，履行缴纳社会保险费的义务，享受相应的社会保险待遇。按此规定，农民工可以参加城镇企业职工基本养老保险。

## 3. 参加养老保险有哪些规定

农民工与城镇职工一样，用人单位都应当与其建立劳动关系、签订劳动合同，并出面为其办理参加企业职工基本养老保险手续。用人单位按当地缴费基数的12%，农民工本人按月工资收入的8%逐月缴费（月工资收入低于上年全市职工社会月平均工资60%或高于300%的，则分别按60%或300%确定缴费基数）。

职工参加基本养老保险后，社会保险经办机构同样按12%的比例为其建立养老保险个人账户。职工个人缴费全部记入个人账户，其余部分从企业缴费中划转。职工基本养老保险个人账户是职工退休时享受养老保险待遇的主要依据之一。

## 4. 个人账户保留、转移和退还规定

如果农民工暂时离开当地打工城市去其他城市工作，以后仍

会回到当地打工城市，可以申请将在当地建立的养老保险关系和个人账户储存额保留在社会保险经办机构。以后回当地打工时，可以继续缴费，并将前后缴费年限和个人账户储存额累加计算。

如果农民工离开当地打工城市去其他城市工作，也可以向社会保险经办机构申请将在当地建立的养老保险关系和个人账户储存额转移到继续工作的其他城市的社会保险经办机构，其前、后的缴费年限和个人账户储存额可累加计算。转移时需要提供《养老保险中（终）止缴费通知书》和对方城市社会保险经办机构出具的联系函，联系函上需要注明对方社会保险经办机构开户银行、账户名称和账号。

如果农民工离开城市返回老家，也可申请领取个人账户储存额（包括农民工本人缴纳的全部养老保险费和单位缴费中的一部分）。领取时需携带《养老保险中（终）止缴费通知书》、身份证及复印件、劳动手册（或就业证）以及以本人姓名开户的银行卡。如委托他人代为办理，还需要提供本人出具的委托书及代办人身份证和复印件。

## 5. 参保后享受哪些待遇

在城市参加企业职工基本养老保险的农民工在所在城市累计缴费满 15 年及以上的，到达退休规定年龄时可以与所在城市城镇职工一样按月领取养老金。养老金由社会保险经办机构根据农民工居住地通过银行发放或邮局寄发。

# 失业保险

## 1. 什么是失业保险

失业保险是对劳动年龄内，有就业能力并有就业愿望的劳动者非因本人意愿而中断就业，无法获得维持生活所必需的工资收入，在一定期间内由国家和社会为其提供基本生活保障和再就业服务的社会保险制度。按照规定，在失业保险制度覆盖范围内的单位及其职工必须参加失业保险并履行缴费义务。不履行缴费义务的单位和个人都应当承担相应的法律责任。

## 2. 农民工能否参加失业保险

根据《失业保险条例》规定，城镇企业事业单位招用的农民合同制工人应该参加失业保险，但农民合同制工人本人不缴纳失业保险费。这里所说农民合同制工人是指与城镇企业事业单位建立了劳动关系并签订劳动合同的农民工。

## 3. 参保后享受哪些待遇

农民合同制职工领取一次性生活补助标准按相同缴费时间的城镇失业人员可以享受失业保险金总额的50%确定。

用人单位与农民合同制职工终止或解除劳动关系时，应将《××市失业人员登记证明书》、《××市用人单位录用人员登记表》、劳动合同文本等有关材料送达用人单位所在地的县（市）、区失业保险经办机构。

农民合同制职工与用人单位终止或解除劳动关系后，按照享受失业保险金条件，到用人单位所在地的县（市）、区失业保险经办机构办理手续，按规定领取一次性生活补助。

因用人单位不按照规定参加失业保险，不按照规定缴纳失业保险费等原因，造成农民合同制职工不能按规定享受一次性生活补助的，用人单位应当按照其失业保险待遇损失或一次性生活补助损失总额的2倍给予赔偿。

### 4. 农民工劳动合同期满未续订或者提前解除劳动合同能否享受失业保险待遇

《失业保险条例》规定，单位招用的农民合同制工人连续工作满1年，本单位并已缴纳失业保险费，劳动合同期满未续订或者提前解除劳动合同的，由社会保险经办机构根据其工作时间的长短，对其支付一次性生活补助。补助的办法和标准由省、自治区、直辖市人民政府规定。采取支付一次性生活补助的方式，主要是考虑农民工流动性强，这样更方便农民工享受相关待遇。一些实行统筹城乡就业的地区，规定农民工与城镇职工实行统一的政策，或者由农民工自愿选择适用哪些政策。

## 医疗保险

### 1. 什么是医疗保险

医疗保险是为补偿劳动者因疾病风险造成的经济损失而建立

的一项社会保险制度。通过政府、用人单位和个人等多方面筹资，建立医疗保险基金，参保人员患病就诊发生医疗费用后，由医疗保险经办机构给予一定的经济补偿，以避免或减轻劳动者因患病、治疗等所带来的经济风险。

## 2. 医疗保险的基本内容是什么

城镇职工基本医疗保险费由用人单位和职工共同缴纳。用人单位缴费率控制在职工工资的 6% 左右，职工缴费率一般为本人工资收入的 2%。基本医疗保险基金由统筹基金和个人账户构成。统筹基金主要保障住院及门诊大病医疗费用，个人账户主要支付门诊及个人自费费用。

为适应农民工流动性大、工资收入偏低的实际情况，各统筹地区可采取建立大病医疗保险统筹基金的办法，重点解决农民工进城务工期间的住院医疗保障问题。可根据当地实际确定缴费率，主要由用人单位缴费。

农民工也可自愿参加原籍的新型农村合作医疗。

## 3. 农民工能否参加医疗保险

根据《国务院关于解决农民工问题的若干意见》的规定，各地按照“低费率、保大病、保当期”的原则，将农民工纳入医疗保险范围。农民工比率集中的地区，可以采取单独建立大病医疗保险统筹基金的办法，重点解决农民工进城务工期间的住院医疗保障问题。有条件的地区，可直接将稳定就业的农民工纳入基本医疗保险。以灵活方式就业的，可按照当地灵活就业人员参保办法参加医疗保险。

在用人单位中建立了劳动关系的农民工与企业其他职工一样，享受社会医疗保险权利，也承担医疗保险缴费义务，主要政策如下：

（1）缴费。

用人单位须按规定为农民工办理医疗保险参保手续，从办理参保手续的次月起开始缴纳医疗保险费，缴费基数按个人上年月平均工资确定，无上年工资的，按个人工资情况确定。单位为农民工办理参加基本医疗保险的，单位按个人缴费基数的12%缴费，另缴纳每人每月8元重大疾病救助金（每年根据当地经济情况会有增加）；个人按缴费基数的2%缴费，由用人单位在每月工资中代扣。

用人单位未按规定为农民工办理医保参保手续的，应补缴应缴纳月份的医疗保险费，补缴期间农民工发生的医疗费用，由单位按其参加医保应享受的待遇予以解决。

（2）医保个人账户。

个人账户资金分为2个部分，一是个人缴纳的2%部分；二是单位缴费中计入部分，账户合计计入比例如下：

| 年龄分类 | 35周岁以下 | 35周岁(含)至45周岁 | 45周岁(含)以上至退休 |
| --- | --- | --- | --- |
| 个人账户计入比例 | 本人基数(2+1)% | 本人基数(2+1.2)% | 本人基数(2+2)% |

个人账户资金在每年的4月末按当月缴费基数一次性预划入

12个月，年度中间新参保的，个人账户按缴费次月至本年度末实际月份数一次性预计入。参保职工中断（终止）缴费时，个人账户多计入部分按实扣回。查询个人账户可在各地社保机构专用网站上进行查询，也可拨打当地语音提示电话，输入个人医保号，就可查询账户余额资金实时信息。

参保职工回原籍而终止在所在城市医保关系的，可提取个人账户余额。例如，35 周岁以下职工，按最低缴费基数缴费满 1 年，个人账户额度为 409.7 元，其中 273.1 元为个人缴费，136.6 元为单位缴费中划入，假设 1 年中未发生医疗费用，409.7 元的个人账户余额均可提取现金。余额提取后，在本市的医疗保险缴费年限不再保留。办理账户提取时要随带《医疗保险中（终）止缴费表》、参保人员身份证及《医疗保险病历本》。

## 4. 参保后享受哪些待遇

从单位缴纳医疗保险费的次月起（即单位办理申报手续的第三个月起），参保职工开始享受医保待遇，单位中（终）止医保关系时，医保待遇享受到次月月末止。例如 1 月份办理参保手续，从 3 月 1 日起享受医保待遇，11 月份办理中（终）止参保手续，待遇享受延续到 12 月 31 日。

用人单位应在参保职工享受医保待遇前，将《医疗保险病历本》及有关宣传资料发给个人。

参保职工可凭本人《医疗保险病历本》自行选择本市医保定点医疗机构、定点零售药店（均挂有定点铜牌）就医、购药。购药有两种形式：一是可持定点医疗机构出具的加盖外配处方专用章的处方，到定点零售药店购药；二是可用个人账户资金直接到定点零售药店购买非处方药。

参保职工的工伤、生育医疗费按照有关规定处理，不属于医保基金支付范围。另外，医疗保险规定范围以外的医疗费，未按规定就医购药的医疗费，因违法或犯罪、故意自伤或自残、自杀、斗殴、酗酒、吸毒所发生的医疗费、交通事故、医疗事故、大面积食物中毒及有其他赔付责任发生的医疗费等不属于医保基金支付范围。

参保职工将本人的《医疗保险病历本》供他人就医、记账的，违反规定重复、超量配药的，符合出院条件不愿出院的，弄虚作假造成医保基金损失的，《医疗保险病历本》遗失未及时挂失造成医保基金损失的，以及个人冒用他人《医疗保险病历本》就医、记账的，医保经办机构将追回损失，并将视情节轻重暂停其医保待遇、通报用人单位，同时由劳动保障行政部门视情节处以罚款，构成犯罪的依法追究刑事责任。

# 生育保险

### 1. 农民工如何参加生育保险

农民工与城镇职工一样，凡与单位建立劳动关系、签订劳动合同的，都应该参加生育保险，由单位出面办理参保手续，个人不需缴纳生育保险费。

## 2. 参保后享受哪些待遇

农民工要享受生育保险待遇，必须具备下列条件：

（1）单位按照规定为农民工办理了生育保险，并缴纳生育保险费满3个月以上。

（2）必须符合国家计划生育政策规定，包括：符合国家计划生育政策生育第一胎或经计划生育行政部门批准生育第二胎的；按政策生育第一、二胎但怀孕后流产（引产）的。

（3）符合国家计划生育政策施行计划生育手术的。

职工生育保险待遇包括下列项目：生育津贴、生育医疗费用和计划生育手术费用，都由生育保险基金支付。

符合条件的失业农民工在失业期间分娩的，可以享受生育补助金和生育医疗费用定额补偿。

凡应当参加生育保险的农民工，由于用人单位原因没有参加的，所发生的生育费用由用人单位按规定标准支付。

# 第三章　重视子女的教育问题

孩子是祖国的未来，孩子享受九年义务教育的权利是受法律保护的。要想让自己的孩子成才，就应该高度重视孩子的教育问题，父母无论在哪里工作都不可忽视对孩子的教育。对进城工作的父母来说，让孩子接受教育的方式不外乎两种：

一是让孩子继续在农村接受教育。由于进城务工的人员初到城市，对城市的生活还没有完全适应，或者其从事的工作不便于照顾孩子，或者因为城市里教育花费较高等种种原因，进城工作人员可能不会将孩子带在自己身边，而是让孩子留在家乡亲人的身边，在农村学校接受教育。进城务工人员主要通过书信、电话等方式关心、督促、检查孩子的学习情况。

二是让孩子随父母到所工作的地方接受教育。把孩子带在自己的身边，这种教育方式要比第一种效果更好。

总之，不论采取以上的哪一种方式，都应该让孩子接受正规的教育，不可以让孩子失学、辍学，从而耽误了他们的健康成长。

## 关于子女的学校教育

来到城市里，应该让孩子到正规的学校接受教育。进城务工人员的子女可以就读的学校主要有三种。

第一种是进城务工人员自办的学校。这种学校是进城务工人员为解决自己的孩子的教育问题而举办的，主要以小学为主，设施较为简陋，教学质量不是很高。各个地方政府对这类学校的态度不一，有的支持，有的则坚决取缔。在为孩子选择学校时，父母一定要为孩子把好关，尽量让孩子接受质量好些的教育。

第二种是城市公办的学校。在这类学校里就读花费会比较高。因为外地进城务工人员的子女在城市公办学校里借读，可能需要交纳一定数量的“借读费”或“补偿金”或“赞助费”等，一般的打工者通常无力承担，但这类学校的教学条件和教学质量通常比务工者自己办的学校要好很多。

第三种是私立学校。这种学校办学条件比较正规，教学设备也比较齐全，教师配备也符合国家规定，教材也按国家统一规定使用，但是收费往往较高。如果进城务工者有一定的经济实力，能够承受学校较高的费用，可以考虑让孩子到这类学校接受教育。

进城务工人员子女就读的学校及其特点，大家可能有了一定的了解。学校条件有好的也有相对差点的；学校里学生的成绩有优劣，老师传授知识的方式，对待不同学生时讲话的态度、语气、眼神等，都会对孩子产生非常深远的影响。把孩子送进不同的学校接受教育后，家长不能撒手不管，而是需要家长和学校共同去关注孩子的成长，注意搞好配合，尽可能给孩子营造一个良好的、宽松的学习环境。无论是把子女带出来在城市学校就读还是留守在农村学校就读，家长都应该多和老师联系，多和老师探讨如何教育子女的问题。学校的教育应该和家庭教育相辅相成，相互促进，不能够认为我们把子女交给了学校，教育子女的问题就是学校的问题了。

## 关于子女的家庭教育

子女的第一个老师就是父母，父母的言行举止都会对子女产生深远的影响。因此说，父母的言传身教，也就是家庭教育对孩子来讲是非常重要的。虽然进城务工人员由于工作的关系，可能陪伴在子女身边的时间不是很多，但我们还是希望大家在能够陪在孩子身边的时候，给子女更多的家庭教育和爱。下面就给大家介绍一些家庭教育中要注意的一些事项。

（1）父母以身作则，做好表率。

我们平常都说父母的言行才是孩子最好的老师。孩子从小到大，家长的一言一行、一举一动，都对其性格、品德的形成发展起着潜移默化的作用，因此家长的示范作用十分重要。要孩子做到的，做父母的首先自己要做到。例如要求小孩不要说粗口话，不要乱扔东西、克服不良的卫生习惯以及其他一些不良的习惯，家长就应该体现以身作则的精神，自己首先做到。特别是对于那些留守农村或者小城镇的孩子，家长平时应该多花点时间与其沟通，无论是写信还是打电话，千万不能不闻不问、撒手不管。

（2）要注意培养孩子的独立能力。

①在学习方面，端正孩子的学习态度，让小孩明白做作业不仅是为了完成老师布置的任务，巩固所学的知识，更重要的是让

他们意识到独立、自觉地完成家庭作业的重要性。每次做作业最好让小孩独立完成，大人不作陪，不然孩子会有一种依赖性，缺乏独立能力。孩子学习遇到问题时，要积极引导他们掌握怎样寻找解决问题的方法，而不是直接说出问题的答案。

②在生活方面，积极培养小孩的自立和生活自理能力。现在很多家长都喜欢把孩子当成“小皇帝”一样，在生活方面给予了小孩太多的溺爱，很容易导致小孩的生活自理能力较差等问题。在家庭生活中，可以要求孩子做些力所能及的家务活，比如打扫房间卫生，洗洗自己的袜子等，使他们懂得自己的事情要自己打理，该自己动手的一定要自己动手。

（3）在金钱方面家长更是要加以引导。

现在很多家长要不就是把给小孩的钱管得过严，要不就不怎么管，这样都是不对的。特别是对那些比较贫困的家庭来说，我们应该引导小孩对金钱和花钱有个正确的认识。我们认为，压岁钱和学习等方面得到的奖励，可以由小孩自己支配，但要注意引导和鼓励小孩将钱用于买学习上的用品以及一些开发智力和有利于成长的东西。还有如果小孩要买自己喜欢的大件玩具，可以采取对半付款的方法，即小孩和家长各自出一半的钱。这时候，小孩挑选玩具就得算算自己的经济账了，这样做可以使孩子从小就明白合理花钱的道理。

（4）多站在子女的角度思考，多和子女交流。

现实生活中有时候家长和子女之间会有些矛盾，这是很正常的，因为子女也应该有他们自己对待事情的看法。有些家长提出很好的建议而小孩却不接受，这时候有些家长就会发火，训斥孩子。其实这样做对子女的独立性的培养和智力开发都非常不利，因为他们独立思考问题的积极性被你给打压下去了。这个时候，家长应该多站在子女的角度想想这个问题，与他们进一步进行交流与沟通，这样的教育效果可能会更好一些。

现在的小孩之所以不愿与大人们交流，不仅仅是代沟的问题，更主要的是家长喜欢以一种居高临下的姿态来和子女交流，使他们感到很压抑。因此家长应该和子女成为最好的朋友。当发现孩子有问题的时候，尽量不要责备他们，而是多给他们分析产生问题的原因，让子女们用一种积极的态度去寻求解决这些问题的方法。

对于进城务工人员来说，平时工作压力较大，而且可能本身的知识能力水平也有限，或者还有的人脾气也不是很好，因此当子女考试成绩不是特别理想时，或者是与谁发生什么不愉快的事情时，家长往往不问青红皂白就责怪子女。其实，在小孩子的成长过程中，鼓励是一个很重要的因素，只有鼓励，才会增加孩子的自信心。因此我们建议家长们无论是碰到子女考试考得不好，还是其他什么问题时，都应该肯定子女的努力，接下来再和他们，或者和老师一起探讨如何提升学习成绩或者解决好问题的办法。这样，子女会在这种氛围中感觉到父母给予自己的爱护以及鼓励，他们会更加努力地学习。

总之，父母在孩子的成长过程中，始终应该是个督导员、检查员和好朋友，而不应该是个包办员。做家长的就是要摆正自己的位置，不能错位，否则，将不利于子女的学习、独立性的培养以及健康成长。

# 关于子女的社会教育

现在无论是在城市或者农村，越来越多的家庭都注意到对子女的社会教育，即培养他们的业余爱好和特长，如唱歌、跳舞、弹钢琴、学绘画、学书法、练武术、练球类等。这是好事，这对于子女潜力的挖掘以及其他能力的培养是非常重要的。但是家长们也要注意到子女对这些东西是否真的爱好，以及这些东西是不是真的对他们的能力有所提升。以下我们对培养孩子的业余兴趣、爱好方面提出一些建议。

第一，要以孩子想学、想做为原则，适当选择社会教育。双休日或节假日是孩子休息、娱乐的时间，少年儿童正处在成长发育期，过重的学习负担及心理负担都会影响他们的健康成长。因此在非学习日安排孩子的学习活动时，最好是安排孩子到喜欢去的地方，学习他们喜欢学的东西。在此基础上，使他们找到自己的兴趣发展点，确定自己的爱好和特长。

第二，要在了解孩子的基础上选择社会教育。事实上，许多家长并不真正了解自己的孩子。要真正了解孩子的兴趣和爱好，单靠交谈是“问”不出来的，还必须在“行”上下工夫。让孩子广泛接触各种事物，这样既可以全面培养孩子的爱好，又可以发现孩子的潜在的特长，然后才能选择相应的社会教育机构，使孩子得到良好的发展。

第三，要学会选择社会教育机构。培养同一类专长的教育机构往往有许多家，因此还要对其进行选择。选择时要考虑如下几个问题：一是考察教育理念是否正确；二是看其教育内容及专业水平如何；三是考察其教育形式是否尊重学习者的主体地位；四是考察其教育评价机构，是否为学习者进行定期的激励性评价，并为学习者提供展示学习成果的机会和空间。

第四，要考虑自己的经济承担能力。在儿童就学阶段，家长的教育投资方向主要是学校，一般不要把很多资金投向社会教育机构，更不要同时投向几个社会教育机构，这样不仅加重了经济负担，而且也加重了孩子的精神负担。

## 关于子女的心理教育

据调查统计，初中以上的学生，心理健康问题大量存在，如教育不当的话，则会导致与老师、家长顶撞、旷课，甚至离家出走等现象。这个时候家长、老师应该合作起来，深入了解产生这些心理问题的原因，共同做好子女们的心理教育。

初中以上的学生都开始对社会有个大概的认识了，这个阶段是他们生理和心理变化特别大的阶段，也就是人们常说的青春发育期。这个阶段的学生，不仅经历着人的生理上的重大变化，而且经历着心理上的重大的转变。由于生理上的变化，他们对自己的体形与相貌都非常关注，由此出现了喜欢照镜子的心理表现。另外，由于第二性特征的出现，引起其内心的骚动，喜欢与异性交往。与此同时，他们在心理上也发生了很大的变化，他们认为自己已经长大了，他们的自我意识不断加强，开始把自己当作大人看待。他们不再像小学时期那样将家长、教师等看成权威人物，不再完全地相信权威，而是敢向权威提出意见甚至反抗。有时候，他们宁可相信同伴而不愿听大人的话。在这个时期，他们由于性格欠成熟，辨别是非能力不强，故心理上容易出现问题，如固执、抑郁、偏激等。

这个时候，我们应从以下几个方面来对子女进行必要的心理疏导：

（1）要引导子女顺利进入青春期，做子女“自我”积极发展的促进者。如：对子女进行青春期的教育，同时和老师沟通，根据子女的年龄阶段，做到有步骤、有计划地进行心理教育。另外，要引导好子女与老师、同学的关系，排除子女的对抗心理，使子女的“自我”得到积极的发展。

（2）和老师配合，做子女理想的指路人。每个孩子都有自己的理想，正处于“自我”发现时期的孩子，他们必然要去探求自己的理想。但有的孩子对自己的要求过高，而有的则对自己的要求又过低。理想是每个人的精神支柱，也是每个人学习、生活的动力，当理想与现实相距甚远时，易导致学习的心理障碍。作为家长要正确引导子女，应按照社会的发展要求及自己的实际发展特点去确立理想，以利于其身心的健康发展，调动其学习的积极性。

（3）及时解决子女的心理问题。初中以上的孩子主要的心理问题表现为：青春烦恼、抑郁、胆怯、厌学、对抗权威、人际危机、早恋等。根据不同年龄阶段的孩子的心理特点，解决的办法也应该有所不同，但有一些问题家长应当特别注意：

①尊重、理解子女，寻找问题出现的原因。当子女出现问题时，千万不能急躁处理，更不能不分青红皂白地去指责、批评、

而应该平心静气，多想一想“为什么会这样”，从尊重、理解子女的角度出发解决他们所出现的心理问题。

②家长和老师应具备同情心。同情心犹如“穿着别人的鞋走走看”，或“跟着别人的眼睛看世界”，即子女出现心理问题时，家长应站在孩子的角度体验他的感受，让子女感到家长是真正关心我、真正了解我。这样，自然可以拉近父母和子女之间的距离，增强双方的信任，共同面对问题，使子女乐意接受家长的指导。

③多加激励，增强子女的自信心。初中以上的孩子尤其爱听赞扬声，他们利用自己的独立意识去做自己的事，每一点成绩都希望得到别人的认可。因此，我们不但应该从子女身上多找闪光点，更应该善于抓住这一心理特点，为其设立奖励方案，制订目标，让他们有更多的优点展现给我们，以增强其自信心。

各位农民朋友一定要记住，不要总是说孩子这不行、那不行，更不要说“你怎么这么笨”、“怎么这么没出息”等伤害孩子自尊心的话，而是要告诉他“你能行”、“你是最棒的”。相信只要大家坚持这样做，你的孩子一定会健康茁壮地成长。

## 关于“留守子女”的教育

随着社会经济的发展，城镇化进程的加快，越来越多的农村剩余劳动力到城里工作，使得大批孩子脱离父母的直接监护，只能由其他亲戚代为教育管理，成为所谓的“留守子女”。

从正面来看，进城工作增强了农村或者城镇家庭对子女接受教育的支付能力，形成了一些家长对子女接受教育的正确态度等；从负面来看，进城工作使得孩子缺少家庭温暖、家庭教育，对于子女良好行为习惯的养成产生一些不利影响。为此，从家庭的角度看，有必要改变家长外出的方式以及和子女沟通的方式。如果孩子已经上学，又没有可靠的人监护，最好留一个大人在家，这样可以跟学校经常保持联系，共同承担起教育子女的责任。如果父母都外出，则要改变亲子之间的沟通与交流方式，时间不能相距太久，要经常与孩子保持联系，并随时了解孩子的情况，最好每个星期或者至少半个月能与孩子交流一次。如果经济条件允许的话，可以每个学期中间回来一次，再加上寒暑假把孩子接到身边，这样，与子女互动与沟通的时间和机会就会大大增加，并且具有一定的连贯性。

与孩子沟通时，不能只谈学习成绩，其他方面也应该询问，特别是对青春期的孩子，要有更多的关心。除了电话联系外，还可以用书信的方式，这些对于孩子的情感发展非常有帮助。作为家长除了与孩子保持经常性的联系外，还要与孩子的班主任保持联络，向班主任请教教育子女的方式方法，共同商讨教育孩子的策略与办法。总之，对于“留守子女”不能忽视，而应该给他们更多的关爱，让他们感受到家庭的温馨、父母的关怀、亲人的热情。

当然，对“留守子女”除了关心外，我们也要注意对他们的教育，特别是要注意以下两点：

（1）不能过于溺爱放纵。外出工作的家长，觉得自己对孩子有所亏欠，一旦回到家中，恨不得把全身心的“爱”给孩子。孩子要什么就买什么，想干什么就干什么，很少过问他们要这些、做这些都是为了什么。对孩子过分的溺爱放纵，只会害了他们。有些打工者对学习成绩差的孩子潜移默化灌输“读书无用论”的错误思想，认为孩子反正学习成绩不好，长大以后随便找个工作就行了，读不读书都无所谓，这种放纵思想是要不得的。

（2）加强与学校的沟通联系。有部分外出打工的家长，缺少与学校的配合，认为孩子教育成长都是学校的事。同时，他们也很少和学校沟通、交流，即便是孩子在学校有些不良的表现，学校想和家长联系也是难上加难，这很不利于孩子的成长。一些家长一味地强调孩子的考分，总认为他们用血汗挣来的钱供孩子生活、上学，孩子就应该考高分，而对于别的方面就不是很关心，忽视了对孩子心理素质的教育培养。由于一些家长对孩子的要求特别高，使本来课业负担沉重的孩子进一步加大了心理压力，从而产生厌学情绪，甚至出现逃学的现象。

由此可见，关心“留守子女”，加强与他们的沟通、交流，注意采取合理的方式对其进行培养教育是一个十分重要的问题。

# 第四章 爱岗敬业，回报社会

## 准确定位，演好自己的角色

来城市务工时对自己定位准确，才能快速地找到适合自己的工作。定位准确了，才能持久地发展自己。很多人事业上发展不顺利不是因为能力不够，而是选择了并不适合自己的工作，很多人并没有认真地思考一下“我是谁”、“我适合做什么”，也因为不清楚自己要做什么，而无法体会如愿以偿的感觉。

怎样才能准确地给自己定位呢？

第一，要了解自己。可以自我探索，可以请他人做评价，可以借助心理测验——充分地了解自己。

第二，要了解职业，包括职业的工作内容、知识要求、技能要求、经验要求、性格要求、工作环境、工作角色等。

第三，要了解自己和职业要求的差距。你可能会有多种职业目标，但是每个目标带给你的好处和弊端各不相同，你需要根据自己的特点仔细地权衡选择不同目标的利弊得失，还要根据自己的现实条件确定达到目标的方案。

第四，要确定如何把自己的定位展示给面试官和上司。确定了自己的职业取向和发展方向之后，你需要采用适合的方式传达给面试官或者上司，以期获得入门和发展的机会。

在给自己定位时，要避免陷入如下的定位误区。

误区一：定位使自己变得僵化。其实定位不是静态的，而是动态的事情，当自我发生重大变化，当外部环境发生重大变化的时候，都需要重新定位。

误区二：定位会使自己失去许多。我们要的很多，人们担心定位会让自己受到限制。其实定位并不是确定一个固定的位置，而是确定和目标的距离，你可以确定多种目标，只是你要知道自己距离各种目标的远近程度，要知道达到目标需要怎样的努力。

误区三：定位让自己失去机会。其实，如果我们不给自己定位，很可能最终过的是过一天算一天的混沌日子，哪怕机会就在你眼前，你也没有抓住机会的能力。

误区四：应该让旁观者给自己定位。其实，真正知道自己想要什么、喜欢什么、习惯做什么的是你自己，所以在定位这个问题上，首先要自己了解自己，而别人最多只能给自己提供参考。

当我们明确自己的职业规划，明确自己的选择的时候，就很自然地明白了哪些是需要提升的，哪些是需要锻炼的，哪些是自己比较有竞争力的东西。这样，在工作中自然会取得更好的发展，更高的劳动报酬，你的人生价值、社会价值自然也就体现出来，这时候哪怕你再跳槽，你也不需去求助别人。当你在某个领域有足够资质时，这时候不是你去努力找好工作而是好工作自然会来找你。

# 选择适合自己的职业

选择一份适合自己的工作非常重要，对工作的选择千万不要盲目，最好的工作不一定是理想的工作，理想的工作应该是最适合的工作。农民工在选择工作时应当对自己各方面的能力有很好的了解，根据自身的特点去选择一份适宜的工作。

（1）根据自己的兴趣爱好去选择工作。兴趣爱好在选择职业上非常重要。如果一个人选择的职业与自己兴趣吻合，那么枯燥的工作也会变得丰富多彩、趣味无穷，这就会产生一种动力。如果一个人的兴趣与职业不吻合，那么这个人的工作就始终是被动的，不会有好业绩，更不会有成功的人生。即便是一份薪水很高的工作，时间久了，都会让你感到厌倦。这样是很不利于你开展工作的，更不用说能取得很好的成就。很多人忽视了这样一个事实：工作本身也是生活的一部分，工作质量的高低也决定了你的生活质量的高低，工作并不是毫无感情的，它对于你的意义可绝不在于供你吃穿，实际上，它是你实现理想的途径，是使你生活得快乐幸福的隐形伴侣。

（2）根据自己的一技之长去选择工作。一技之长是你在长时间的学习、工作中培养出来的，是你择业的一个有利的基础。拥有一技之长的农民工更容易获得一份适合自己的工作，而且在工作中，可以充分运用自己的专长，这样会让你工作起来得心应手，更容易得到他人的赏识，这对你自身的发展是非常有利的。如果你有电工方面的专长，你可以专门选择电子方面的工作；如果你有驾驶证，你可以选择运输方面的工作；如果你在建筑方面有专长，不妨从事建筑装潢业。总之，尽可能地去选择与自己的一技之长有关联的职业。

(3) 根据自己的性格选择工作。常言道“性格决定命运”，这句话是有一定道理的。不同的职业对性格的要求是不同的。只有选择适合自己性格的工作，那么干起工作来就会感到其乐无穷，而且有利于个性的发挥和能力的培养。反之，一个不好的性格在工作中也许是致命的，一个性格内向、少言寡语的人从事商品推销、公关等工作是不合适的，一个脾气急躁的人也难以胜任服务、售货等工作。

(4) 根据自己的气质选择工作。气质是每个人的典型的稳定的心理特点，一般分为胆汁质、多血质、黏液质和抑郁质四种。

胆汁质，又称兴奋型。其主要行为特征表现为：直率热情，精力旺盛，情绪易于冲动，心境变化剧烈，具有很高的兴奋性和较弱的抑制力，能够以极大的热情投身于事业，克服在达到既定目标道路上的重重困难，但是，一旦精力消耗殆尽，往往对自己的努力失去信心。

多血质，又称活泼型。其主要行为特征表现为：活泼好动，敏感，反应迅速，喜欢与人交往。这类人对事业有浓厚的兴趣，并能够持续很长的时间，但是如果工作受挫或需要付出艰苦努力时，热情就会锐减。记者、管理人员、律师、公关与人事工作很适合他们。

黏液质，又称安静型。其主要行为特征表现为：安静、稳重。这类人能够严格遵守既定的生活秩序和工作制度，固定性有余而灵活性不足。黏液质的人是最佳的合作者，也是最容易得到上司认同的下属。通常，他们很难做出惊天动地的大事情，却是不可缺少的贡献者，适合从事一些固定性强，但需付出细心谨慎的工作，如文秘、行政主管、收银员等。

抑郁质，又称抑郁型。其主要行为特征表现为：孤僻，行动迟缓，不易动情，敏感多疑，感受性强。这类人不是很适合在外务工，除非具有很好的知识和专业技能，从事某项科学研究则很适合他。

四种气质在工作中各有利弊，没有好坏之分，关键是要认识到自己的优缺点，扬长避短。气质虽然分为四种，生活中却很少简单地属于哪一种人，一般的人都是好几种气质的混合，只是在这几种气质中，更倾向于其中的一种，在选择职业上，也要根据自己的气质特点来选择。

## 努力提高职业适应能力

俗话说“三百六十行，行行出状元”，每一行业、每一工作都有其特殊要求。具有某一方面的特殊技能，才能使你更好地找到适合自己的工作，并能很好地胜任这方面的工作。那么如何才能获得一技之长呢？通常主要有以下途径：

（1）自学成才。具有一定文化知识的农民工可以通过自学成才的途径获得一技之长。当然自学成才需要有勇于探索和坚持不懈的精神才能取得成功。在自学中尽可能地选择自己感兴趣和力所能及的专业，如木工、瓦工、电工、钳工、推销、家政服务等，这些都是很适合农民工自学的专业。自学应该从书本入手并密切联系生产、生活实践，注意观察和钻研。

（2）学习传统工艺。我国幅员辽阔，各地风俗各异，民族工艺博大精深，是中华民族取之不尽的知识技术宝库，如木工工艺、传统的建筑工艺、绘画工艺、雕刻工艺等，这些工艺在当今社会上仍具有很大的用武之地，具有很高的经济价值。如果你能够刻苦钻研，使之发扬光大，就可以在众多进城务工的人中别具一格，脱颖而出。传统技艺可以通过继承祖业和师傅带徒弟的方式获得，因此，对于农民朋友来说，要正确认识这些传统工艺的巨大价值，向有经验、有技术的人学习，拜他们为师，并通过自己的刻苦学习实现创新。这不仅可以使自己掌握一技之长，也使地方传统文化在新的形势下得到继承和发展。

（3）参加职业技术培训。当前，我国正在全国范围内开展农民职业技术培训，有些地方还出台了对农民的免费培训政策。对于农民工来说参加职业技术培训无疑是获得一技之长的最重要的途径。在职业技术学校或技术培训机构，农民工可以根据自己的爱好和专长有针对性地学习各种实用技术，这可为将来的进城就业打下很好的基础。

## 积极参加职业技术培训

### 1. 合理利用免费资源

很多外出务工人员想要学习点文化知识，可是一方面现在书、报、杂志价格越来越高，经济上难以承受；另一方面个人底子薄，缺乏自学能力。再者有些人学习技术拘泥于形式，认为只有正式拜师或者坐在课堂里才能学习技术。其实不然。俗话说，处处留意皆学问。只要认真观察，细心体会，虚心求教，都会使自己的技术水平得到提高。城里的文化设施健全，各种文化生活非常丰富，而且有很多是免费的。为什么不充分利用这些学习的渠道呢？下面就简单地介绍几个去处：

（1）图书馆。城里的图书馆是向所有公众开放的，收取较低的费用，只要有身份证就可以办理阅览证和借书证。如北京的首都图书馆，办理借书证年收费是10元钱，并收100元的押金，退证时押金退回。图书馆一般藏书较全，只要你有时间和兴趣，知识的海洋任你遨游。

（2）书店。书城里的大部分图书是开架选购的，你可以先看书，再根据需要决定买不买书。即使你不买书，小看一下也是允许的，有不少书店还专门为读者设置了阅览的位置。比较大的书店周末还常常举办免费专题讲座，请一些名人、大家、教授就某一话题进行讲解。这些讲座信息会登在当地报纸上，书店前的信息栏也会提前一两个月做预告。逛书店已经成为了很多人获取知识、信息的渠道。

（3）阅报栏。在城市的街头，会有一些阅报栏，里面每天会及时更新各种报纸，报纸上的各种见闻能让我们了解身边和世界上发生的大大小小的事情，工休时可以去浏览。

（4）文化馆。文化馆、科技馆、博物馆、天文馆等文化馆里面经常会有讲座、兴趣学习班，科技馆里面有各种科技展览，博物馆、天文馆里的各种知识会令你大开眼界。这些展览馆门票价格较贵，但是去一两次能够开开眼界也是值得的。此外，每个城市总有一些大学，现在大学的讲座很多，并且大部分讲座是面向所有人免费开放的，去大学里听免费讲座也可以学到很多东西。

### 2. 参加职业培训，提升技能

如果条件许可，进入职业学校或者跟师傅学习进步就会更快一些。去培训学校学习，要选择好的学校和老师。在交学费之前，要多了解一下周围人对这个学校的看法，也可以到学校实地去看一看。如果发现学校不负责任或者老师水平不高，学不到真本领，就要果断地另行选择，以免花了钱还耽误了时间。

各种职业培训机构是系统学习技术、获取职业资格证书的地方，要交付相关费用。参加职业培训的学习要找准专业，另外要找一些社会信誉好、教育质量优秀的学校学习。同时，要选择合适的职业培训机构，一个适合自己去学习的职业培训机构，应拥有以下四个方面的标准：

一是经过当地劳动和社会保障机构正式批准。因为按照现行有关规定，学历教育归教育部门管理，技能培训和鉴定归劳动保障部门管理。因此，没有当地劳动保障部门正式批准的学校可能不是正规的学校。

二是拥有规范的管理、学习、实践的训练措施和各种制度。

三是要有合乎要求的硬件设施。当然，这些设施的先进性亦必须与时代同步。

四是必须参加国家规格的职业技能鉴定和国家职业资格证书的发放。

只有到合乎上述标准的职业培训机构学习，才能真实可靠地学习到理想的职业技能，并给自己创造丰厚的财富。

### 3. 接受职业指导

许多人出门打工，往往带有一种盲目性，对自己即将开始的工作缺乏了解，常常是出了家门，来到城市却找不到合适的工作，或者找到了一份工作干起来也觉得没意思，对以后发展也没什么帮助。职业指导可以在一定程度上帮助解决上述问题。

职业指导，一方面，是有经验的职业指导员从一个长远的角度，帮助你发现自身兴趣和理想，找出符合你感兴趣的工作；另一方面，又帮助你计划和设计以后的工作，使你的工作越干越好，有奔头。

去哪里找有经验的职业指导员呢？大家可以根据自身的情况，最好是到公共职业介绍所接受免费职业指导服务。近年来，国家高度重视农民工问题，相继出台了一系列取消不合理限制，改善农民工外出务工环境的政策文件，要求各级公共就业服务机构免费向农民工开放，对外出求职的农民工免费进行职业指导和职业介绍。

目前，公共职业介绍机构提供的职业指导有如下几种形式：

第一，职业指导谈心会。自愿报名参加，15～20 人举办一期。参加谈心会可以帮助大家克服各种心理问题，增强自尊和自信，勇敢地走上就业之路。

第二，政策课堂。客观来说，家乡跟城市相比，信息还是比较少的，这使得大家对当前政策不太了解，以致即使有优惠政策也不知道，遇到问题会感到很难处理，甚至有的会因为不了解政策，而放弃自己的合法权益。参加政策课堂可以集中学习党和政府的有关规定，出现问题后知道如何使用政策法规来维护自己的合法权益。

很多公共职介中心建立了政策宣传教室、政策咨询台、电话政策信息服务台、政策宣传栏等，用于宣传贯彻劳动保障政策，大家可以到这些地方学习咨询。

第三，心理测评指导。通过心理测评，专业人士会告诉你最好从事哪些方面的工作，你的优点何在，缺点在哪，工作中应该注意哪些方面的问题等，这样，让你明确自己的工作目标，便于找到对路的工作。

第四，职业培训指导。这是参加各种专业培训机构组织的免费培训，这些培训针对性强，方便实用，农民工朋友要抛弃观念，积极参与，提升自己。

第五，供需信息服务指导。许多公共职业机构都举办了各种形式的招聘会，对农民工免费开放，农民工朋友要充分利用这一有利条件，找到合适的工作。

总之，利用这些形式的职业指导，可以帮助农民工树立正确的心态，认识自己真正的需要和兴趣，掌握最新的政策和就业形式，从而有助于农民工朋友找到一份满意的工作。

## 4. 获得职业资格证书

就业准入制度，通俗地说就是对于技术复杂、通用性广、涉及国家财产、生命安全和消费者利益的职业（工种）的劳动者，只有经过培训，并取得职业资格证书后，才能就业上岗。

职业资格证书由于是国家考试，由政府认定的考核鉴定机构进行评价和鉴定，因此具有一定的权威性。就业准入制度和职业资格证书的要求，提升了就业门槛，因此，取得职业资格证书的人，其工资自然比纯体力劳动者要高许多。

现在，劳动力市场上技术性人才紧缺，一个有技术的工人，工资挣得甚至比白领多，不仅受企业老板和工厂厂长的器重，常被高薪挖走，而且在社会上被尊称为“高级蓝领”。另一方面，简单的体力活由于人人都能干，就业门槛低，工资少不说，还供大于求，不好就业。

所以，通过培训，取得职业资格证书，不仅证明自己的学识和技能，而且方便就业，找到一份好工作。即使到境外就业，在对外劳务合作处办理技能水平公证时，证书都是有效证件。

## 讲究职业道德

职业道德是所有从业人员在职业活动中应该遵循的行为准则，涵盖了从业人员与服务对象、职业与职工、职业与职业之间的关系。从职业道德建设的角度看，职业道德至少应该包括爱岗敬业、诚实守信、办事公道、服务群众、奉献社会等内容。

### 1. 职业道德的特点

通过概念表述不难看出职业道德具有以下特点。

（1）职业道德具有适用范围的有限性。

每种职业都担负着一种特定的职业责任和职业义务。由于各种职业的职业责任和义务不同，从而形成各自特定的职业道德的具体规范。

（2）职业道德具有发展的历史继承性。

由于职业具有不断发展和世代延续的特征，不仅其技术世代延续，其管理员工的方法与服务对象打交道的方法，也有一定历史继承性，如“有教无类”、“学而不厌，诲人不倦”等从古至今始终是教师的职业道德。

（3）职业道德表达形式多种多样。

由于各种职业道德的要求都较为具体、细致，因此其表达形式多种多样。

（4）职业道德兼有强烈的纪律性。

纪律也是一种行为规范，但它是介于法律和道德之间的一种特殊的规范。它既要求人们能自觉遵守，又带有一定的强制性。就前者而言，它具有道德色彩；就后者而言，又带有一定的法律色彩。就是说，一方面，遵守纪律是一种美德；另一方面，遵守纪律又带有强制性，具有法令的要求。例如，工人必须执行操作规程和安全规定；军人要有严明的纪律等。因此，职业道德有时又以制度、章程、条例的形式表达，以让从业人员认识到职业道德又具有纪律的规范性。

## 2. 中华民族有哪些优秀的职业道德传统

第一，以国家、民族利益为重，以天下兴亡为己任的高度责任感。中华民族早已形成了对国家和民族高度负责的公而忘私、先公后私的职业道德精神，如战国至西汉成书的《礼记·礼运篇》首次提出“天下为公”的口号，成为历代清官和志士仁人的座右铭。北宋政治家范仲淹“先天下之忧而忧，后天下之乐而乐”，明代思想家顾炎武的“天下兴亡，匹夫有责”等，均表达了对国家和民族的高度负责精神。

第二，自强不息，艰苦奋斗的顽强拼搏精神。中华民族自古以来就有自强自立、顽强奋斗的传统意识。如《周易·乾》中最早就有了“天行健，君子以自强不息”的命题。孔子的“学而不厌，诲人不倦”、“士不可不弘毅，任重而道远”。荀子在《劝学篇》中说：“锲而舍之，朽木不折；锲而不舍，金石可镂”。自强不息、顽强拼搏的传统意识，乃是中华民族几经危亡终获生机，并自立于世界民族之林的重要精神条件。

第三，提倡礼仪仁爱，人际和谐的人道主义原则。“仁”是孔子全部思想的核心，“仁者，爱人”。在处理人与人之间的关系时，唯有从“爱人”出发，“己所不欲，勿施于人”，只有爱人的人，才能算真正的人，也只有真正的人，才会真正地去爱人。如果一个人只爱自己，不爱别人，这种人必然是损人利己，就不能算真正的人。由此，中国的人际关系总是强调“人和”精神，如孟子所言“天时不如地利，地利不如人和”，孔子讲：“礼之用，和为贵。”宋代范仲淹也曾说：“政通人和，百废俱兴。”“人和”思想深深地影响着中国各行各业的协调发展。

第四，倡导见利思义，以义制利的道德价值取向。“义”和“利”是中国传统伦理道德思想中的两个重要范畴。“义”就是正义，道义，公利，也指精神生活；“利”就是利益、个人私利，或物质生活。古人对“义”与“利”有很多思考，主张先义后利，重义轻利，如孔子提出“见利思义”，荀子主张“以义制利”，其意是说，要把公利、道义放在首位，个人利益放在第二位。对于个人来说，精神价值、道德价值高于物质利益，维护道义，追求道德，是人生的最高价值。所以，中国传统道德意识中，鄙视狭隘功利，鄙视自私自利、唯利是图、见利忘义者，让人们不要过分看重个人物质利益，认为道义比金钱和其他社会权力都高贵，甚至比生命还高贵。如孔子就提倡“志士仁人，无求生以害仁，有杀身以成仁”；“不义而富且贵，于我如浮云”。孔子思想的集大成者孟子更是把这种道德价值观推至顶峰。他的“富贵不能淫，贫贱不能移，威武不能屈”，以“义”为上的道德境界，不仅是历代正直的封建士大夫和平民百姓努力追求的理想人格和目标，也成为中华民族几千年文明史的主要价值取向。古人讲义，并非完全摒弃利，只是他们反对只讲个人私利而不顾及社会群体利益。

第五，忠诚坦白、恪守信义是处世立业的根本。信义是处理人际关系时必须遵守的基本道德准则之一。中华民族不但以信义著称于古代，同样以信义闻名于今世。信，诚也；诚，信也。信与诚互训，即开诚布公，襟怀坦白，诚实不欺，恪守信用。“信”在中国传统道德体系中占有重要地位。在古人看来，“信”不仅是道德修养的重要内容，而且是最高的道德原则和道德理想境界的一个重要条件。孔子说：“与朋友交，言而有信”；“民无信不立”；“人而无信，不知其可也”；“言必信，行必果”。孟子也讲：“朋友有信。”总之，“信”是对人、对朋友、对事的忠诚与信义，“信”是处世和立业的根本。

以上是贯穿我国社会每个时代、每个职业于始终的我国优秀传统道德的几个方面，是主流，是精华，而且，在长期的职业道德实践中，每个职业还形成了本职业的优秀道德规范，每一位农民工都应坚守职业道德。

# 努力提高工作效率

在激烈的市场竞争条件下，工作效率的高低已成为影响企业成败的关键因素。如何提高工作效率呢？

## 1. 喜欢你的工作

要提高工作效率，首先，要确定自己是否对现在的工作满意。可能有人会觉得对工作满不满意跟工作效率高与不高没有什么直接关系，其实不然。一个人，只有对自己的工作满意，从而喜欢从事自己的工作，把工作当成自己的事业和追求，才会去钻研去投入，才会在自己这一行越做越精，越做越专，才会时刻不忘提高自己在这一行的技能，才有可能至少在情绪上真正提高自己的工作效率。所以说，想一想自己从事的这份工作，是不是自己喜欢的，是不是有长期的打算。如果很喜欢，当然很好；如果不是很喜欢，但打算在这一行干下去，那么就首先努力让自己喜欢上自己的工作；如果根本不喜欢，也不打算在这一行干下去，只是权宜之计的话，那么，你完全可以离开这份工作了，因为无论对于公司来讲还是对于自己来讲，这都无异于浪费时间，尤其对于个人发展来讲，是没有必要的。

## 2. 时刻总结经验教训

如果你喜欢这份工作，也打算在这一行干下去，也清楚了自己的工作内涵，那么就要看一下，你在这一行干了多久，有什么成果，有什么经验，有什么教训。经常地进行总结，是提高自己的基石。把自己从事这一行以来的工作理顺一下，看一下自己的收获，综合一下自己的得失，有积淀就会有收获，将自己的经验教训写出来（不要仅仅是想出来），从而总结一下，看自己这几年来是提高了还是下降了，自己在哪些方面尚需提高，在哪方面有经验值得以后借鉴。把自己做过的比较满意和不满意的项目（工作）拿出来认真分析一下，满意的，成功之处在哪里；不满意的，失败之处又在哪里。而总结也并非一次性的，要经常性地总结自己，做完一项工作、一个项目，就要考虑一下，它是成功的还是失败的，成功之处在哪，失败之处在哪，有没有更好的方法来解决，发生过什么情况需要以后避免。其实所谓捷径，本来就是少走弯路。时刻总结自己，才能避免自己走以前走过的弯路，才能避免自己在以前摔倒过的地方摔倒，才能以自己的经验指导自己走上捷径。

### 3. 提高工作技能，掌握正确的适合自己的工作方法

总结了经验教训，就要看到自己有哪些不足，就要有目的有方向地提高自己。工作技能的提高，一方面来源于知识的积累，一方面来源于自己的经验，一方面来源于行业技术的追踪。活到老学到老，现今社会，各行各业，知识架构都日新月异，既然喜欢这一行，做了这一行，就要钻研这一行。每个人，都需要在自己的工作岗位上不断深入，不断钻研，不断发展，跟踪行业技术，前瞻行业方向，这样，才不至于做事时被知识的匮乏所束缚，才不至于因解决不了问题而停滞不前。除了自己从事行业方面的知识要不断深入学习之外，自己本身工作性质所决定的需要

掌握的工作技能也要不断提高。研发有研发要提高的工作技能，支持有支持要提高的工作技能，销售有销售要提高的工作技能，而管理也有管理要提高的工作技能。抽出时间提高自己，正所谓磨刀不误砍柴工。在工作方法上面，其实没有完全的标准，每个人都有适合自己的工作方法，而找到适合自己的、行之有效的工作方法，是非常重要的。适合自己的工作方法，是在日常工作中，久而久之的情况下积累出来的，自己的工作方法如果影响了自己的工作效率，就要考虑改变了。可以去参考别人的工作方法，但不是照搬，任何工作方法，只有最终变成自己的，才会有用。而工作方法虽千差万别，但有两点必须做到：一要思路清晰，二要行之有效。

## 4. 主动寻找解决办法，不要依赖别人

在工作中要弄清楚自己的工作内涵，掌握相关工作方法，努力提高自己的工作技能。对于工作中的困难，首先要想到的是如何去解决，有哪几种方案，每种方案的优劣在什么地方，而不要将问题抛给别人，依赖别人为你提供问题的答案。当然，所谓“闻道有先后，术业有专攻”，并非说所有问题都要不管不问，自己独立承担，当周围别的人在该领域该方面有更高造诣时，要虚心请教，认真学习，但这时一定要明确自己不懂所在，问题所在，不要一股脑将整个工作交付于他人，希望他人给出一个完全的解决方案，然后也不管怎样，就用该方案去解决自己的问题，这样做会导致一个很不好的结果，就是十个相同的问题，可能你让别人为你解答了十次，而第十一次的时候，你依然需要别人帮你解答。所以，工作上遇到的问题一定要自己分解，哪些是自己

很容易解决的，哪些是自己查阅资料可以解决的，哪些是同事协助可以解决的，哪些是根本就没见过的。分清楚之后，理出解决方案，需别人协助解决的，将问题细化明确后与其讨论，讨论有结果后，要及时将解决方法记录，以备后查。而该问题解决之后，以后就应该成为你自己可以解决的问题了。而自己可以解决的问题越来越多，以后工作的效率自然会越来越高了。

## 5. 为工作制定规范、流程

所谓无规矩不成方圆，规范、流程，是我们从事工作时必需遵循的一项准则。制定好了工作的规范、流程，在具体工作时，我们就会条理清晰，阶段明确，易取得成功。举例来讲，研发上，软件工程有很好的开发规范，参照该规范进行开发，可能短期内并不能提高什么工作效率，相反还可能给人一种耽误时间的现象，但实际上，一个按照开发规范进行的项目，在整个开发过程中，都会条理清晰，有据可查。在后期维护及升级时，也提供很好的依据，其效果最终也会完美呈现。

## 6. 规划好自己的时间，安排好自己的工作

一个成功的人士必定对自己的时间有很好的规划，每个人一天的时间至多不过 24 小时，而一般我们的工作时间定义在 8 小时，如何在这 8 小时内做好自己的工作，更有效地工作，时间规划是非常重要的因素。对自己每天的工作一定要有认真的规划，有哪些工作要做，要达到什么样的结果，先后次序如何安排，如果未完成如何处理，等等，一定要合理规划。只有合理规划好了时间，安排好了工作，这一天才能有条不紊，才能高效。

## 7. 严格执行自己的工作计划安排，要守信守约

当然，如果制订了自己的工作计划，却不严格执行，那还不如不制订，至少，还能节省下制订工作计划的时间。所以，计划是前提，执行是根本。在执行工作计划安排上，不要对自己宽容，一定要严格遵守，对于制订下来的时间期限，一定要守信守约，不要以种种原因来说服自己原谅自己，要确保完成。一个人不按计划工作，影响的不仅是自己，而且影响的可能是整个项目，整个团队，乃至整个公司。

## 8. 明确的分工、精诚的合作

公司本就是一个团队，在这个团队中，只有进行明确的分工，人员间精诚合作，才能提高整个团队的工作效率。在合作中，领导者或负责人要承担好分工协调的任务，发挥各人的最大优势，使每个人都能心情愉悦、高效率地工作。而对于团队中的每一个人来讲，要认真对待自己的工作，明白自己在团队中的位置，清楚自己在项目（工作）中的环节，与团队中人员多交流，多沟通，做好自己的工作，同时协助别人完成工作，营造良好的工作氛围。在日常工作中，也是同样道理，要明确自己的工作职责，首先要确保自己职责范围内的事情处理好，再考虑协助别人完成其他工作，而同事之间，也要尽自己所能互相帮助。

## 9. 常立志不如立长志

有志之人立长志，无志之人常立志。对于一个公司来讲，决策层一定要把好公司的方向，确定公司的战略；对于每个人来

讲，一定要把握好自己的工作方向，明确自己的工作目标。一旦确定了自己的工作目标、工作内涵、工作方法、工作规范、工作流程、工作规划，就需要长期严格执行，而不要今天想起来了照着做一点，明天忘了也就算了；或者今天觉得这个方法不错，照着做了几天，忽然又发现另外一个方法也行，照着那个方法再工作几天，到最后也没形成自己一套行之有效的工作方式。一定要明确自己正在做什么，要做到什么程度，自己的人生要达到什么样的目标，要照着这个方向努力，不断提高自己。这样，路才能越走越宽，越走越顺，越走越快，直到赶上别人，超过别人，领导别人。

**小贴士：**

### 提高工作效率的五个技巧

（1）把所有工作划分成“事务型”和“思考型”两类，分别对待。

（2）每天定时完成日常工作。

（3）列出工作计划，并且用明显的方式提示你完成的进度。

（4）安排好随时可进行的备用任务，以不浪费你的时间。

（5）不要犹豫和等待，立即行动。

## 正确对待工作中的失误

在工作中出现失误并不可怕，可怕的是思想上不引起重视。

工作失误时，人们的第一反应通常是：如何避免随之而来的责难或惩罚？这是正常的心理变化，重要的是第二反映，也就是你实际做出来的举动，它决定了你的境界和层次。大体上，这种第二反映有以下四种类型：

第一种是“职场英雄”。他敢作敢当，对自己的失误，不隐瞒，不逃避，该担什么罪都一肩扛着，抱着“戴罪立功”的心理，在日后的工作中努力弥补自己的过失，并以出色的表现捍卫自己的荣誉。这种人像大山一样可靠，无论在哪个公司都会受到器重。

第二种是“职场枭雄”。他敢做，是否敢当，则视情况而定，一旦出现工作失误，通常会根据老板的口味设计应变手段。如果老板喜欢敢作敢当的人，他就表现得敢作敢当；如果老板只会看表面现象，他就设法把失误隐瞒得滴水不漏，甚至诿过于人，寻找“替罪羊”。这种人很聪明，前途难以估量，关键看老板喜不喜欢这样的人。因为不管他的手段多么高明，时间长了，老板总会看穿他的伎俩。

第三种是“职场庸人”。他不太敢做，只是因为惰性或能力不足而导致失误。更不敢当，不管出现什么失误，都要找个借口推脱，迟到了，就怪堵车，怪下雪；任务没完成，就怪这个不帮忙、那个不配合，或者怪自己身体不适；谈判桌上吃了亏，不谈自己无能，而是说人家太狡猾，反正失误与自己没关系。这种人不用请算命瞎子来算，就可以肯定他难有出头之日。

第四种是“坦白痞子”。不管出现什么失误，坚决承认，但坚决不改。这次做得不好，下次肯定不会做得更好，你批评的语气重了一点，他还要反过来责怪你的不是。这种人，即使勉强保住职位，也往往被安排在某个吃闲饭的位置上，不会被赋予重任。

那么，工作出现失误，应该采取哪种态度比较好呢？

按“职场英雄”的方式做，是最简明的，越简明的方法往往越有效，也越难做好。打个比方，用100个字表达某个观点，绝大多数人能做到，但用一句话简明概括，就比较难办了。比如“身体是革命的本钱”，一句能顶一万句，你说得出来吗？同样的道理，做“职场英雄”看似简单，其实不容易，这是一个素质问题，没有多年的品格修炼，很难自然而然地表现出英雄气质。按“职场枭雄”的方式做，比较复杂，需要很好的头脑，也无法强求。按“职场庸人”和“坦白痞子”的方式做，虽然容易，可是对自己不利，并不可取。

究竟该怎么办呢？当然是结合自身素质，尽量做得聪明一点、漂亮一点，要诀有两点：

其一，不要用大过错掩盖小过错。你掩盖过错，是担心受到指责或惩罚，但你掩盖错误的方式可能是一个更大的过错，将遭到更严厉的指责和惩罚，那还不如什么也不做呢！

在工作中，如果你出现失误，不妨计算一下，这一失误可能使你受到何种损失？假设你采取手段掩盖的话，这种手段可能使你受到何种损失？把损失大小算清了，处理起来就比较理智了。

其二，想想自己的责任。失误的原因有时好像不在自己，失误的结果有时好像无法避免，但真是这样吗？你真的尽力了吗？

在工作中，假如某些似乎无法控制的原因使你出现失误，不妨问问自己，你曾经把该做的事都做好了吗？你曾努力到何种程度呢？如果你认为只要“赶马车”就行了，把“泥浆”和“石子”都视为意外而无所行动，最后导致失利，就不能认为自己一点责任也没有。当你意识到自己确有责任时，你的态度也许就理智多了。

# 第五章　保持积极健康向上的心态

当今时代是一个充满挑战的时代，人类迎接着来自多方面的冲击，而心理危机是其中人类面临的最大问题。每一个人都不可能摆脱压力和困扰，但我们可以用各种各样的方法去解决困扰。学会善待自己的心灵，以健康的心态对待我们周围的一切，我们才能健康成长。许多人的一生，并不缺乏才华和能力，也不缺少机遇，但总是与成功、财富擦肩而过。令人吃惊的是：在无数激烈的竞争中，许多人并不是被别人打垮的，而是被自己击败的。事实上，能击垮人的不是生活本身，而是人们面对生活的不幸时所抱有的心态。生活本身既不是祸、也不是福，它是一个承载着众多“调味品”的容器，关键是我们要把它变为什么。

生活本身并不完美，社会分工千差万别，人的素质、能力和机遇也各不相同，谁都会遇到成功的喜悦和失败的沮丧。自己干得好不好、能不能再进步，那是团队的事，由团队去评价，由团队去决定。刻意时往往失去最多，不经意间往往得到最多，只有以积极健康的心态做人做事，才可获得充实向上的人生。虽然我们不能改变环境，但我们可以掌握自己；虽然我们不能左右人生，但我们可以改变心态。只有拥有积极健康的心态，才可以冲破原来以为难以跨越的藩篱。不论碰到什么，我们都要以平常心看待自己的付出和收获，不必喜形于色，不必急功近利，更不必在遇到困难和挫折的时候悲观失望。要知道，一个人的成功不是命运的垂青，而在于他是否能够在任何情况下都始终坚持自己的理想，保持不懈的精神追求，始终保持轻松、自在、洒脱的积极健康心态。

## 阻碍我们成功的常见消极心态

为什么明知收获必先播种，付出小收获小，付出大收获大，一些人却总是想着不劳而获呢？笔者发现，众多消极心态是很多人怕吃苦、不行动、做做停停，以致最终放弃的重要原因。

### 1. 消极心态的表现

日常工作中有哪些常见的消极心态？消极心态的主要表现又有哪些呢？

（1）认命自卑不自信。

人都有梦想，但很多人已把梦想埋葬，并不是因为外力迫使如此，而是有人面带微笑对你说："这件事肯定办不成，命中注定你就是穷命。"于是你放弃了。

（2）满足自乐不上进。

表现为"比上不足，比下有余"，"每月一二千元可以啦"，"萝卜头下酒也挺有滋味的"，"像我这种身份的人没几个愿做的"，"要把事业当餐后甜点，想吃就吃，不想吃就放一放"。其结果是让自己永远停留在成功的大门之外。

（3）心想口说不行动。

“想起来感动，说起来激动，就是不动”这是一些人的真实写照。有些人只有大目标，没有小目标。这种人开口不乏雄心壮志，说起来慷慨激昂，做起来却无声无息，久而久之变成一个空谈家，最终变得连自己的话都不相信，对大目标也产生怀疑，放弃梦想，放弃事业是早晚的事。

（4）赌博投机不实干。

有些人不想付出，只想收获。总指望天上掉“比萨”，天天想碰好运，拼命买彩票。总想暴富，却永远贫穷；总想一口吃个胖子，却“经常拉稀，越来越瘦”。

（5）忽冷忽热不匀速。

工作是需要持之以恒的、保持行动力的、有韧性的匀速前进，千万不能三天打鱼，两天晒网，忽冷忽热的工作方式是花了时间却一事无成。

（6）瞎干乱闯不咨询。

有的人，毫无“归零”心态，总觉得自己什么都懂，样样都会。非要样样事情自己闯，结果是处处碰壁，头破血流。他们不懂得咨询，不愿向成功人士学习，结果总是走弯路，人际关系也一团糟。

（7）依赖等待不自立。

这种人不同于不自信的人，他们主要是懒惰，坐享其成，结果让许多机会白白丧失。

（8）一知半解不求深。

21世纪是新经济时代，知识就是资产。一旦你掌握知识，就能以最小的付出获得最大的收益。许多人总觉得自己很明白，可一做起来，就见利忘义，靠不择手段去谋取不法利益，这种利益不会长久，也不会得到国家的保障。

(9) 怪上责下不自律。

“严于律己，宽以待人”是成功者必备要素。人最大的敌人是自己，最大的成功是战胜自己。有良师不学，有良友不交，有良机不握，不啻人生最大悲剧。但有的人，却偏偏要反其道而行之。

(10) 怕苦怕难不拼搏。

有很多人只有小目标，没有大目标，或者不相信大目标。不要认为这种人大目标做不起来，小目标就会做好，实际上，一有小事便向领导叫苦叫难的就是他们。这种人认为大目标是白日做梦。因为不相信大目标，所以也不想去提升能力。又因为自己能力的不足，而更加怀疑大目标，甚至对追求大目标的人给予打击。

这十种消极心态，消磨了人们的意志和斗志，变得害怕风险、不愿付出，养成一身坏习惯。

## 2. 阻碍成功的22个词

拖沓：失败者总是不断地拖沓，以后再说，以后再说。

自卑：失败者总是怀疑自己。

侥幸：失败者总是抱着试试运气的态度。

自满：失败者总是自我满足。

骄傲：失败者取得一点成绩总是洋洋得意。

犹豫：失败者做任何决定时总是犹豫不决，结果错失时机。

懒惰：懒惰是所有失败者的通病。

忧虑：失败者过多地对事情产生忧虑和担心。

虚伪：虚伪的人总是找不到真正的自己。

空想：失败者总是想一些不切实际的东西。

固执：失败者从来没有想过改变自己。

愤世：都是这个世界的错，不是自己的错。

庸俗：失败者大多是庸俗之人。

懦弱：性格懦弱，缺乏毅力。

虚荣：失败者大都爱慕虚荣。

贪婪：欲望膨胀，不择手段。

自私：只注重个人利益。

急躁：没有耐心，急于求成。

易怒：不能很好地控制情绪。

绝望：一旦失败，就失去了信心，看不到希望。

嫉妒：羡慕他人。

借口：凡事找理由，推脱责任。

## 健康的心态是什么样的

对于生理健康，我们已经非常熟悉了，它至少包括三个方面：第一，没有疾病，有病肯定是不健康的；第二，没有缺陷，有缺陷的人至少不能视为完美的健康人；第三，生理状态良好，所有的组织、器官都运转良好，不会让你今天头痛，明天失眠，后天拉肚子，虽然没什么大毛病，但总是觉得不舒服。

那么，什么是心理健康呢？心理健康是一个相对概念，由于心理发展的复杂性，对它的界定一直存在着分歧。就一般而言，心理健康标志着人的心理调适能力和发展水平，它是指人在内外环境变化时，能持久地保持正常的心理状态，没有心理困扰和心理疾病。

那么，什么样的人才是心理健康的人呢？心理健康实际上是一种相对状态，健康与不健康之间并没有一个绝对界限。心理健康不像生理健康，可以经过各种检查，通过各项指标，如脉搏、体温、血压、心跳、血常规等进行判定。心理健康没有明确的指标，对它的判断常常是相对的。即便是同一个标准，在不同的文化范围内，人们对它的评价也是有差异的。

事实上，在这个世界上，心理完全健康的人是没有的，大多数人都处在心理亚健康状态，但我们依然可以通过一些相对的标准来对人的心理健康状况进行判断评估。心理健康的标准一般有以下几个：

（1）智能良好。

我们每个人都生活在一定的社会文化环境中，每天都要应对环境中的种种压力，因此，我们必须能对环境、对现实有一个正确的认识，并且对我们所面对的问题做出合理的解释，进行正确的处理。为此，正常的智力发展水平是心理健康的必要保证。智能正常，我们才能与现实保持良好的互动，才能对环境进行有效的适应，才能解决困扰我们的一系列问题。而心理不健康的人，往往会歪曲现实，无法对现实做出正确的评价。

（2）善于协调与控制自己的情绪。

我们常说笑一笑，十年少，愁一愁，白了头。心情开朗、乐观、豁达，生活才能过得轻松；相反，一个人经常或长时间地心情不好，整天愁眉不展、唉声叹气，那么，这个人肯定会活得很累。

在这个世界上，有许多的事情是我们无法控制的，但有一样东西，你拥有完全的控制权，那就是你的情绪。可以说，人的快乐抑或悲伤都是自找的，要想快乐，我们可以找到一万个快乐的理由；同样，要想使自己不快乐，我们也可以找到一万个不快乐的理由：为什么别人住别墅，我才住100平方米房子；为什么别人开跑车，我要骑电动车；为什么干同样的工作，他挣的钱要比我多……在这种愤愤不平中，我们郁郁寡欢，我们丢失了自己的快乐。

（3）具备良好的意志品质。

“世上无难事，只要肯登攀”说的就是人的意志。这个世界没有免费的午餐，所有的一切只有付出了，才会有收获。意志就是人为了达到既定目标，主动克服困难的品质。一个心理健康的人，一般要具备这样一些意志品质：

其一，行动要有目的性，目的要合理。没有目标的人生，就像没有航标的航船，只会在水面上打转，而无法在人生的道路上前行。因为你不知道你来自哪里？也不知道你将去向何方？你没有奋斗的目标。

其二，行动要有果断性。“当断不断，反受其乱。”见机行事、当机立断、行动果敢也是人良好的意志品质。生活中，许多人并不缺少机会，但常常与机会擦肩而过，一个重要的原因就是我们缺少行动的魄力，因此，我们无法把握住稍纵即逝的机会。

其三，要能持之以恒，坚持不懈。“不经历风雨，怎能见彩虹，这个世界没有随随便便的成功。”相信许多人都会唱这首歌。人的成功与付出是成正比的，只有付出了，才会有回报，但许多时候，我们付出了，却并没有得到回报。每个人在成长的过程中，都会遇到这样或那样的挫折，坚持住，我们可能就向成功又迈进了一步。生活中，我们常常只关注成功人士取得成就时那辉煌的一刻，而忽略了他们成功背后的艰辛。现代社会，许多人都非常浮躁，梦想一夜成名、一夜暴富，但是这样的机会少之又少。只有老老实实做人，踏踏实实做事，持之以恒、坚持不懈，成功才会在不远处向我们招手。

（4）人际关系和谐。

人际关系就是人与人心灵上的关系，心理上的距离。良好的人际关系不仅可以促进个体的发展，而且，还可以为个体建立坚实的社会支持系统，使个体在遇到心理危机的时候，可以得到及时有效的帮助。

人际关系不良不仅会给个体的工作、生活造成严重影响，而且会带来极大的心理压力，导致心理问题的产生。我们身边不乏这样的人，他们思维敏捷、工作能力非凡，但人际关系却一塌糊涂，每天生活在心灵的孤岛之中，快乐无人分享，痛苦无人分担，抑郁无人倾诉。这样的人虽然事业有成，但活得并不幸福。

（5）正视现实，接受现实，能较好地适应和改造环境。

每个人在成长的过程中，都会树立很多的理想，但并不是每一个理想都能够实现。心理健康的人能客观地评价自己，根据自己的实际情况确立发展目标。而当目标不能实现时，他们会重新调整目标，以适应现实环境。面对现实，正视现实，不沉湎于过去或陷于不切实际的幻想之中，遇到问题时，既不怨天尤人，也不推卸责任，而是积极地想办法去接受挑战。

而心理异常的最重要的特征就是脱离现实、逃避现实。心理异常者可能有美好的理想，但不能正确地认识自己，当理想成了空中楼阁、不能实现时，他们会怨天尤人、自艾自怜、逃避现实，甚至做出极端的行为。

物竞天择，适者生存。心理健康的人不仅能正视现实，而且能与社会现实保持良好的互动，能主动协调自己与社会的关系，努力适应社会，使自己的言行、思想与主流社会的发展相吻合，步调相协调。无论走到哪里，都能很快适应环境，融入到新的工作、生活中。当自己的行为与社会的发展及环境的要求相互矛盾的时候，能及时修正或调整自己的计划，既不悲观失望、逃避现实；也不一意孤行、妄自尊大，对周围的一切能泰然处之，乐观地工作、生活。

（6）人格的完整和健康。

人格是人在社会生活中的总体心理倾向，人格的完整和健康主要体现在以下几方面：

其一，人格的构成要素要完整，不能有缺陷。人格的构成要素是多方面的，它既包括人格的认知特征：思维敏捷或迟缓、感觉敏锐或迟钝、记忆力好或记忆力差；也包括情绪方面的特征：情感细腻、内向、敏感、多疑或直率豪放、外向、开朗、乐观；还包括人的行动方面的特征：谦虚谨慎、认认真真或骄傲自大、马马虎虎等。

其二，人格要同一，不能分裂。分裂总不是好事，国家分裂，老百姓就要流离失所；组织分裂，会硝烟四起、危机四伏；人格分裂，个体就会无法正常生活。有精神疾病的患者，大多是人格分裂的。平时看着温文尔雅、彬彬有礼、不善言谈，突然有一天就做出了惊天动地的事情。

其三，要有一个积极进取的人生观、价值观、世界观。心理健康的人能树立正确的人生观、价值观，以积极、乐观的态度去面对人生，并为自己的人生理想而努力奋斗。

（7）心理年龄和生理年龄要适应。

人的一生包括不同的年龄阶段，每一个年龄阶段其心理发展、行为表现都有其特定的独特特征，这就是心理年龄特征。什么年龄的人，就应该过什么年龄的生活，就应该有这个年龄的人应有的心理特征和行为方式。如果一个人的行为、思想严重偏离了相应的年龄特征，心理发展严重滞后或极其超前，那都是行为异常、心理不健康的表现。比如一个20岁的人，其思想、言谈举止却像一个三四岁的孩子幼稚可笑，这个人要么是心智发育迟滞，要么就是有严重的心理疾病。

（8）了解自我，悦纳自我。

一个人只有了解自己、悦纳自己，才能不断地修正自己、完善自己，而如果没有自知力，其行为就会与社会发生偏差，个体就会自我否定、自我苛责、自我放弃，最终无法成长。

## 如何培养一个健康的心态

每个人都知道情绪是可以管理的，我们完全可以控制自己的情绪变化，但是，在面对具体的生活事件时，我们却常常失去理智。我们应该如何管理自己的情绪，让自己拥有健康的心态呢？

（1）善于发现和觉察自己的情绪。很多时候，我们会觉得自己很郁闷、很不舒服，却不知道为什么会这样，甚至我们会责怪自己：为什么我的工作效率这么低？为什么我总是无精打采，没有精神？学会觉察自己的情绪，试着接纳它们，你就能找到不能高效率工作的原因，你才能使自己快乐起来。

（2）一个正常的人不会无缘无故发脾气，当我们无法控制自己的时候，你可以采取两种方法：

第一，躲避刺激。有意躲开一触即发的导火索，离开争吵的对象或现场。心理学研究表明，人十分生气的时候，就是在接触刺激后的前十分钟，以后，愤怒的强度会渐渐减弱。暂时的回避，会避免矛盾激化，虽然这是一种消极的制怒方法。

第二，学会转移自己的不良情绪。将你的愤怒、抑郁、焦虑等不良情绪转移到另一些活动中去，令自己从不愉快中尽快地解脱出来。可以采取的方法很多，你可以选择最适合你的去做，如可以去看一场电影，或是做一些能让自己开心的事情。转移的目的就是要让你尽快从不良情绪中走出来。

（3）不能够很好地控制和释放自己的不良情绪，最终的受害者可能就是你自己。心理学研究告诉我们，不良情绪是不可以累积的，就像生病要及时医治一样，不良情绪也要及时释放和宣泄。大家都知道量变与质变的道理，不良情绪累积到一定的量，就像一个气球充气到了极限，必然会酿成大的心理问题。人的承受能力是有限的，为了不让自己被精神压力压垮，必须要学会及时减压。旅游、访友、唱歌、运动、逛街、聚餐等都可以帮助我们释放压力，让生命变得轻松起来。那种将心底的“垃圾”藏起来的做法，是有百害而无一利的。

（4）有效的表达。当我们有强烈的情绪体验时，我们最愿意做的是什么？那就是与人分享。把你的快乐告诉别人，你的快乐就会加倍；把你的痛苦告诉别人，你的痛苦就会减半。情绪是要表达的，学会有效表达自己的感受，学会把自己的感受说出来，快乐的时候你会更加快乐，而痛苦的时候，会有人分担。

（5）让理智引导情绪。很多人都有这样的经历：愤怒的时候，没有经过仔细的思考，一时冲动，做出了鲁莽的举动，结果追悔莫及。感情用事的结果，可能是你要付出更多的代价。人一旦失去了理性，就会无法控制自己，他的情感、思想、行为就会失去原则，而没有了原则，人就会陷入混乱之中，如同“雾里看花”，谁能把这世界看得真真切切、明明白白。过于情绪化，我们会失去自我，无法把握自己的命运。

理性看待自己的情绪，并不是让每个人冷酷无情，压抑自己，封闭自己，而是要在感性与理性之间把握一种平衡。完全理性的，那不是人是神。在生活中，我们大部分人其实都是比较感性的，所以，我们才会感情波动。理性地对待情绪，就是要求每个人在遇到情绪不良时，可以采取有效的方式将它化解，比如，找一个没人的地方将自己的愤怒发泄出来，或找朋友倾诉等，然后，积极地想办法解决问题，不怨天尤人，也不自暴自弃，以乐观的态度面对生活。

（6）确立合理的发展目标。情绪的困扰与人的需要没有得到满足是有密切的关系的。你期待的一次晋升机会与你擦肩而过；想去旅游，但工作却总也处理不完；家中正等钱用，而你却丢掉了工作。生活中我们总有各种各样的目标，有各种各样的需求，但不是所有的目标都能实现，所有的需要都能满足。学会放弃，学会不断调整自己的目标，让自己更多地体验成功的喜悦，你的不良情绪会少得多。

(7) 和谐的人际关系。人是社会性的动物，都有人际交往的需要。良好的人际关系，不仅能满足个体的情感需求，还能为个体提供坚实的社会支持系统，当个体遇到不良刺激，出现不良情绪反应时，通过它可以得到及时、有效的帮助，释放不良情绪，保持健康心态。

## 如何消除厌职情绪

相信许多人在刚刚跨入职场之初，不但干劲十足，激情高涨，而且对自己的职业前途的自我期望值也寄予厚望，但半年时间不到，也许就会感觉到自己简直与机器人一样，每天是上了班就希望能早点下班，一点也没有原先的激情了。每一次工作中出现的不顺心，或长时间的工作，都会使自己的情绪出现一阵低落，厌职情绪会严重地影响到我们的工作和生活。

产生厌职情绪的原因，主要还是没有正确对待自己，没有正确对待组织，没有正确对待事业。厌职者总是把自己估计得很高，扩大个人的作用，一旦事与愿违，就会发牢骚，闹情绪，最后要走人。有的则对组织的工作安排稍不如意，就认为组织对自己不了解，不重视，不照顾，不重用，发展下去则对组织产生不满和抵触情绪，然后以调动工作来给组织出难题。有的把自己的所谓专长、能力当作向单位、向组织、向社会讨价还价的资本，钱多多干，钱少少干，不给钱不干。特别是那些工资不高、待遇不好、职位不满意的职员，他们常常闹调动，讲报酬，找跳板，拉关系，开小差，这种人最后都走投无路，自讨苦吃。现实告诉我们，一个人只要有一颗正直的心，专心致志干事业，他一定会干出一番骄人的业绩，而现在的人最大缺点就是对自己的职业缺乏恒心。

那我们如何消除厌职情绪呢？以下几点不妨一试。

（1）设法挖掘前进动力，梦想少一点，行动多一点。

长时间地在某一环境下工作，一般人均很容易成为技术娴熟的工作骨干，但日复一日年复一年的重复相同而琐碎的事务，则非常使人产生厌职情绪。出现这种情绪，主要是没有树立自己工作的目标。其实只要在工作中树立起目标，明确自己的工作标准或目的，就能在工作中产生前进的动力。例如：今天争取在质量上不出现任何问题；本月争取比上月做得更好，收入更高；半年内全面提高自己，争取向更高职位发展等，要尽可能把所追求的理想划分成尽可能短的各个阶段，谨记，循序渐进是改变不称心工作的最好方法。

（2）改变对待他人的态度。

如果你每天早晨一想到上班就害怕，部分原因大概是你与周围同事相处不好。可能你不喜欢与他们一起工作，但最低限度，也应该和他们积极相处。当你对人微笑时，别人也会报以微笑，以礼相待是人的本性。假若你真诚地去改善关系，你的同事迟早会感觉到这一点。你要用积极方式与人交谈，谈些你喜欢的事，至少你可能会找到与同事的某些共同点。

（3）努力让环境“新鲜”。

陌生的工作环境可以让自己感到好奇、兴奋、新鲜，什么事情都要跃跃欲试，不过逐渐熟悉了工作环境之后，这些心态渐渐离自己远去，更多体验的是谨慎、见怪不怪、程序化地完成工作任务。长期这样，工作积极性自然下降。为此，你可以想办法使自己进行创造性的工作，让好奇、兴奋、新鲜的心态永远存在，让自己感到永远充实。除了改变工作环境，你还可以去外部开辟学习充电的各种不同环境，为自己的进一步发展充电加油，比方说积极参加单位或者社会的相关培训等。

（4）工作娱乐两不误。

有些人把工作当成自己的全部，除了工作，几乎没有任何社交活动，这样时间长了，不免对自己的工作产生反感，可在下班后适当参与一些娱乐活动，如打球、唱歌、跳舞等。

（5）善于调控情绪。

在自己工作情绪不好时，下班后你可以通过各种方法来排除它。把自己的得失与朋友倾诉，特别是在坏情绪降临心头时，可以先做深呼吸、伸伸懒腰，再去找一位知心朋友随便聊聊天，聊天之后你的低落情绪就可能会不知不觉地被消除掉；多想想自己美好的时光以及别人对自己的赞美，可以改善心中的郁闷；听听自己喜欢的音乐，也是放松自己有效的方法，轻松、明快的乐曲总会带自己到快乐老家，不管情绪有多不好，只要听一下自己喜欢的曲子，顿时就能感觉神清气爽。

## 面对失败不灰心

现在的职场竞争越来越激烈，失败的可能性也越来越大，未来将会有更多的年轻人要承受找不到工作的压力。而在职员工也将面临着待业大军的不断冲击，任何时候都存在失去晋升机会、失去高薪、失去职业的可能。面对激烈竞争，很多人异常恐惧，生怕失去既得利益，一旦失去便意味着失败。

美国著名哲学家威廉·詹姆斯说："能够接受发生的事实，就是能克服随之而来的任何不幸的第一步。"所以，一旦你失败了之后，请务必注意以下几点：

（1）把已经发生的一切都看成是正常的，要勇敢地承认现实，接受现实。

（2）不要因此后悔不已。切记，世上没有卖"后悔药"的，我们谁也不能再改变过去。

（3）不要因此痛责自己，而一定要学会原谅自己，为自己找出失败的"借口"，也就是你失败的"原因"，在接受教训的同时开脱自己。

（4）不要因此否定自己。这是许多失败者在失败时爱犯的通病。自己身上本有一点不是，就把自己看得一无是处。而越是在失败时，就越是应当从自己身上找出更多的优点才是正理。

（5）忘掉以往所有的过失，切莫再揭过去的"伤疤"。你应当卸下包袱，轻装前进，尽快从自怨自责的泥潭中跳出来，朝气蓬勃地投入新的生活和事业中去。

（6）总结经验教训，避免再犯类似错误，以及少犯错误，使失败对你变得很有价值。这正如卡耐基先生所说的："唯一可使过去错误有价值的方法，是很平静地分析我们过去的错误，而由错误中得到教训。"

有一位哲人曾经说过：谁也不喜欢磨难，但磨难恰恰是人生最好的老师。当失败来临的时候，痛苦与崩溃是无济于事的，从失败中爬起来才是真正的强者。

我们中也有一些人，他们一点也不惧怕失败，当成功来得太轻松的时候，他们反而觉得有点不踏实，所以心里盼望着自己早点失败，好从失败中总结经验教训。如果真的失败了，他们会说，幸好我很早就失败了，否则我以后会摔得很惨。

## 生活常调节，压力变动力

心理异常主要来源于各种各样的压力。当生活中的刺激事件打破了个体的平衡状态，超过了个体的负荷能力，压力就会应运而生。长时间地处于压力状态，压力得不到缓解，就像一只充气的皮球，气充得太多，终究会爆炸。心理压力对健康的危害是潜移默化的，有时，我们并不能清晰地意识到它。我们在繁忙的工作、沉重的学习、家庭琐事、人际烦恼中消耗着我们的生命，任由压力增长，其结果是我们最终失去了心理的健康和生活的快乐。

### 1. 压力的三个来源

一般情况下，压力主要来源于以下三个方面：

第一，生活改变。“天有不测风云，人有旦夕祸福。”我们的生活不是静止的，家庭中的一些变故，会给我们带来极大的困扰。这种变故，既有正性的，如结婚、生子、搬迁；也有负性的，如离婚、生病、失业等。

第二，生活琐事。有句谚语：一根稻草会压死一头骆驼。同样道理，令人烦心的生活琐事日积月累，也会给人造成极大的生活压力。生活琐事是人们日常生活中经常遇到但又无法逃避的事情，虽然，每一件事的严重性均不足以直接使个人崩溃，但日积月累，就会给个体的身心造成严重伤害。所谓滴水穿石，看似平常的事情，一旦累积起来，必然会产生巨大的能量，使人“积劳成疾”。

第三，自身的心理因素。面对同样的挫折，为什么人们的反应截然不同？究其原因就在于人的心理素质不同。有的人心理承受能力很强，即便遇到重大打击，也不会感受到太大的心理压力；有的人则心理承受力很差，一点小事就觉得天塌下来了。压力其实就是人的一种感觉，说它大，它就大；说它小，它就小。你强它就弱，你弱它就强。

### 2. 应对压力的两种方式

生活中的压力是不可避免的，那么，我们应如何应对压力呢？

应对压力主要有两种方式：问题应对和情绪应对。问题应对是个体通过解决导致压力的问题而对抗压力，解除危机。但并不是所有的问题都能解决，当我们无法解决压力问题时，许多人会采取调整情绪，减轻焦虑来释放压力。具体而言，以下几个方面是我们必须关注的：

（1）愉快地接受生活中的琐事。开门七件事，柴米油盐酱醋茶。虽说各家门前一片天，但家家都有一本难念的经，只要你活着，你就要生活。烦躁、痛苦，你也要面对；高兴、快乐，你还是要面对，为什么不微笑着面对生活呢？同样的事情，带着不同的心态和情绪去看待和处理，会得到截然不同的结果。种瓜得瓜、种豆得豆，你播下的是喜悦，收获的自然是幸福；你种下的是愤怒，得到的自然是痛苦。学会愉快地接受生活——好的以及不好的，你就会体验到生活回馈给你的更多的快乐。

（2）放弃是一种大智慧。生活中我们常常习惯于获得，而不习惯拒绝，不懂得放弃。不懂得拒绝一个不喜欢的应酬，害怕放弃一份不适合自己的工作，不知道丢掉一个不切实际的梦想。我们的生活就像一间堆满杂物的房间，有些东西尽管知道不能用了，但我们依然不舍得丢掉。

淡泊人生是一种生活的崇高境界，很多人都在努力追求，但少有人能够做到。很多的时候，我们无法不被这个多姿多彩的世界所诱惑，我们穷尽心思去追求，为自己的生命制定各种各样的目标，而在这种追求中，我们渐渐远离了生命中最本真的东西——快乐。工作是为什么？为了更好地生活；赚钱是为什么？是为了更好地享受生活。但是现在，许多人却成了工作的奴隶，成了金钱的奴仆。我们的生活完全被生活中的附属品喧宾夺主。我们手中握着我们所追求的东西步履艰难、无法前行，我们飞翔的翅膀因承载了太多的重物而被折断，我们离快乐越来越远。我们没有时间去体味天的湛蓝、云的洁白、花的美丽、月的光华，我们的幸福被我们自己葬送了。

（3）只有工作是不够的。“我的时间总是不够用”，“我快要忙死了”，“太累了”，我们常常听人这样说。在这个纷纷扰扰的世界，人们总是行色匆匆，终日繁忙的人们似乎总是没有时间顾及与自己“无关”的事情，但事实上仅有工作是不够的，事业成功只能算是成功了一半，只有事业、家庭、人际关系等和谐发展，才算是真正的成功。无论你多热爱自己的事业，你都要为自己保留一个心灵的空间，一种内在的从容和悠闲。否则，即便你事业有成，你依然感受不到生活的幸福。

（4）不必苛求，用欣赏的眼光看世界。这个世界没有十全十美的人，穿梭于茫茫人海中，你会遇到各色人、各种事。我们常常因为一句无心的话、一件鸡毛蒜皮的小事而不被人理解；我们也常常因为在一次大会上，自己的发言不够精彩，自己的衣服不够漂亮而心生不快。事实上，你完全没有必要介意。人无完人、金无足赤，每个人都有自己力所不能及的地方，宽容地对待你周围的人或事，努力完善自己，你会觉得原来生活是这样美好。宽容别人就是宽容自己，你原谅了别人，你的内心就会得到宁静，你就会得到快乐。而过于苛求别人或苛求自己，你就会永远生活在压力之中。

（5）多管齐下，运用多种方法释放压力。压力对于我们每个人来说都是无法逃避的，不管你愿意不愿意，压力始终都会伴随着我们的生活。不要认为压力都是不好的，事实上，适度的压力可以激发人的潜能，促进人的成长。但如果压力太大，超过了人所能承载的负荷，则会给人带来巨大的伤害。所以学会释放压力，调节自己的情绪是很重要的。有许多的方法可以帮助我们释放压力：运动、听音乐、唱歌、出门旅游、与朋友聚会、看一场喜剧电影、参加一次公益活动、为那些需要你帮助的人做些事情。无论哪一种方法，只要能使你从压力中走出，那就是适合你的方法。

# 第六章　积极维护自身劳动权益

如今就业市场还不十分规范，处于弱势地位的农民工，如何跳出“黑职介”的陷阱，怎样应对不良老板的非法用工，怎样合理维护自身权益等，这些都是进城务工的外来人员非常关注的问题。

作为农民工应从以下几方面依法维护自己的权益：

（1）提高自身素质，学法懂法用法。国家的立法本意是要化解劳资矛盾，构建和发展和谐稳定的劳动关系，但强势企业与弱势员工力量对比悬殊，本来就不平等。面对强势企业的种种招式，广大农民工必须认真学习文化知识及相关法律，做到学法懂法、知法用法，增强法制观念，弘扬法治精神，懂得运用法律武器保护自己利益，不断提高自身素质，一旦发生争议纠纷，不要退缩害怕，要及时请工会维权或者聘请律师代理，寻求法律援助。

（2）依法签订合同，维护合法权益。如今是法制时代，凡事讲求证据，农民工如果仍以农村那种思维方式来办事，凡事讲究“搭白算数”，崇尚口头承诺，很可能就会吃亏上当。在就业中，首先要与用人单位签订劳动合同，这是保护自身权益的基础。

（3）要敢于维护自己的权益。一些不良中介或企业主，就是认为农民工软弱可欺，才肆意剥夺农民工正当利益，随意克扣农民工工钱，对农民工非打即骂。面对不法侵害，农民工一定要挺直腰杆，勇于维权。国家为保护农民工利益，出台了多个保障性法规，只要农民工勇于维权，这些不法中介或企业主就一定会受到应有的查处，这既保护了自身权益，更是为整体农民工维权，善莫大焉。

## 就业别忘先签劳动合同

与用人单位签订劳动合同，是保护我们合法权益的一项重要举措。劳动合同是维护劳动者和用人单位双方合法权益的依据，只有签订了合法的劳动合同才能在发生纠纷时更好地保护我们的权益。农民工朋友在就业时万万不可忽视签订劳动合同。

### 1. 劳动合同的种类有哪些

劳动合同可以按照不同的标准进行划分。其中按照劳动合同期限的不同，劳动合同可以分为有固定期限、无固定期限和以完成一定的工作为期限的三类。

有固定期限的劳动合同是指劳动关系双方订立的有一定期限的劳动协议，期限届满后劳动关系即行终止。如果双方愿意，还可以继续签订劳动合同。这种合同形式是当前最为常见和常用的。

无固定期限的劳动合同是指劳动关系双方订立的没有固定期

限规定的劳动合同。根据国家相关规定，在固定工制度向劳动合同制度转变过程中，用人单位对符合下列条件之一的劳动者，如果劳动者提出订立无固定期限的劳动合同，应与其订立无固定期限的劳动合同：①劳动法规定，在同一用人单位连续工作满10年以上，当事人同意续延劳动合同的。②工作年限较长，且距法定退休年龄10年以内的。③复员、转业军人初次就业的。④法律、法规规定的其他情形。

以完成一定工作为期限的劳动合同是指以完成某项工作的时间来确定合同期限的劳动合同，诸如完成某项工程建设的时间为合同的期限。这些合同一般是为了完成某个项目，或某个工程而订立的劳动合同，时间可长可短，项目或工程完工后合同自动终止。

## 2. 劳动合同应该具备哪些条款

根据《劳动法》的规定，劳动合同的内容可以分为两个部分：必备条款和补充条款。必备条款包含以下七个方面的内容：①劳动合同的期限，就是合同开始的时间和结束的时间。②工作内容，规定劳动者在该单位做什么工作。③劳动保护和劳动条件，是指为了保障劳动者在劳动过程中的安全、卫生及其他条件，如建筑工人应该发放安全帽等。④劳动报酬，也就是工资、奖金、津贴。⑤劳动纪律。⑥劳动合同终止的条件，规定合同终止的条件。⑦违反劳动合同时，双方应该负的责任。补充条款也叫做商定条款，是双方当事人在签订合同时互相商量定下的条款，如试用期限、商业秘密的保护和补充保险、福利待遇等。补充条款是法律赋予双方当事人的自由权利，但是补充条款的约定不能与国家的法律法规相抵触，不能危害国家、其他组织或个人的权益，否则都是无效条款。

### 3. 无效合同有哪几种，应该如何处理无效劳动合同

无效劳动合同是指所订立的劳动合同不符合法定条件，或者不具备法律效力。无效的劳动合同从订立的时候起就没有法律约束力。我国《劳动法》规定的全部无效劳动合同包括两种：一种是违反法律、行政法规的劳动合同。具体包括：①劳动合同主体无效。如用人单位同未满 16 周岁的童工签订的劳动合同（国家另有规定除外)。②劳动合同的内容不合法。如在工作时间、劳动报酬等条款上违反了国家的有关规定。③劳动合同订立的形式不合法。如只是以口头形式订立了劳动合同，没有采用书面形式。④劳动合同订立的程序不符合法律规定。如采取欺诈、威胁等手段订立的劳动合同。部分无效劳动合同是指部分条款无效的合同。

确认劳动合同部分无效的，如果不影响其他部分的效力，其余部分仍然有效。同时，劳动合同是不是有效不能由双方当事人来认定，而是应由劳动争议仲裁委员会或人民法院来认定。由于用人单位的原因订立的无效合同，对劳动者造成损害的，用人单位应当承担赔偿责任。具体包括：①造成劳动者工资收入损失的，按劳动者本人应得工资收入支付给劳动者，并加付应得工资收入 25% 的赔偿费用。②造成劳动者劳动保护待遇损失的，应按国家规定补足劳动者的劳动保护津贴和用品。③造成劳动者工伤、医疗待遇损失的，除按国家规定为劳动者提供工伤、医疗待

遇外，还应支付劳动者相当于医疗费用25%的赔偿费用。④造成女职工和未成年劳工身体健康损害的，除按国家规定提供治疗期间的医疗待遇外，还应支付相当于其医疗费用25%的赔偿费用。⑤劳动合同约定的其他赔偿费用。劳动合同如果是部分无效合同，必须对无效部分进行修改，以符合国家有关法律法规的要求和双方当事人的意愿。

## 4. 怎样变更劳动合同

务工者如果认为原来的劳动合同的部分内容需要修改，应该事先告诉用人单位，并且要经过用人单位的同意。但是，在这之前劳动者应该进行认真考虑，因为变更劳动合同涉及双方的权利和义务。劳动合同的变更和劳动合同的签订一样，在平等自愿、协商一致的基础上进行，并且不能违反法律、行政法规的规定，任何一方不能擅自变更劳动合同。一般来说，劳动合同变更的条件大致有以下三个方面：①用人单位方面的原因，例如，用人单位调整生产任务、转产、企业合并、分立等。②务工者方面的原因，例如，因意外事故致伤、致残，经劳动鉴定委员会确认部分丧失劳动能力，用人单位需要另行安排工作的。③客观方面的原因，例如国家经济政策的调整，自然灾害的影响等。

劳动合同变更中要注意下面几个问题：

①在劳动合同的有效期内变更。

②遵照《劳动法》的规定，订立和变更劳动合同，应当遵循平等自愿、协商一致的原则，不得违反法律、行政法规的规定。

③依法定程序进行。先由一方当事人依法向对方当事人提出

变更劳动合同建议，说明变更理由和要修改的条款，请求对方限期答复。对方当事人在限期内予以答复并表示同意变更的，经过双方当事人充分协商达成一致协议后，订立书面协议，双方签字盖章，变更协议即行生效。

④劳动合同变更之后，变更的条款取代原条款，原条款失去法律效力，应注意变更劳动合同时未涉及的条款仍然有效。

劳动合同变更时，双方当事人应当再签订一份劳动合同变更通知或协议，采取书面形式才具有法律效力。

## 5. 用人单位在什么情况下可以解除劳动合同

劳动合同的解除，是指在劳动合同订立之后，但并未到期，由于某种原因导致一方或双方提前解除劳动关系。劳动合同可以单方面依法解除，也可以双方协商解除。根据《劳动法》的规定，用人单位在以下情况下可以单方面解除劳动合同：

①劳动者在试用期间被证明不符合录用条件的。

②劳动者严重违反劳动纪律或者用人单位规章制度的。

③劳动者严重失职，营私舞弊，对用人单位利益造成重大损害的。

④被依法追究刑事责任的。

⑤劳动者患病或非因工负伤，医疗期满后，不能从事原工作也不能从事由用人单位另行安排的工作的。

⑥劳动者不能胜任工作，经过培训或者调整工作岗位，仍不能胜任工作的。

⑦劳动合同订立时所依据的客观情况发生重大变化，致使原劳动合同无法履行，经当事人协商不能就变更劳动合同达成协

议的。

用人单位在上述⑤、⑥、⑦三种情况下解除劳动合同，应当提前30日书面通知劳动者本人，提前以书面形式通知劳动者可以使其有一段寻找新工作的时间。

此外，《劳动法》还规定：用人单位濒临破产进行法定整顿期间或者生产经营状况发生严重困难，确需裁减人员的，应当提前30日向工会或者全体职工说明情况，听取工会或者职工的意见，经向劳动保障行政部门报告后，可以裁减人员。并且规定，用人单位自裁减人员之日起6个月内录用人员的，应当优先录用被裁减的人员。

## 6. 用人单位在什么情况下不能解除劳动合同

为了保护劳动者的劳动权，《劳动法》规定在下列情况下用人单位不得解除劳动合同：

①劳动者患职业病或者因工负伤并被确认丧失或者部分丧失劳动能力的。这种情况是因为务工者所从事的工作对身体造成了损害，用人单位完全有责任对他的工作和生活进行特殊照顾，所以不得解除劳动合同。

②劳动者患病或者负伤，还在规定的医疗期内的。尽管这里的患病和负伤都不是因工而起的，但医疗期是务工者依法享有的带薪休息的时间。即使遇到务工者合同期满，但医疗期未满时，劳动合同的期限也应该自动延续到医疗期满，用人单位不得解除或终止劳动合同。

③女职工在孕期、产期、哺乳期内的。根据《劳动法》的规定，女职工享受特殊劳动保护，在孕期、产期、哺乳期内用人

单位不得解除劳动合同。即使合同期满，而孕期、产期、哺乳期未满的，劳动合同的期限也自动延续到孕期、产期、哺乳期满。

④法律、行政法规规定的其他情形。以上这些规定并不是绝对的，如果在以上这四种情形出现期间，同时发生用人单位可以单方面解除劳动合同的情形，用人单位仍然可以解除劳动合同。例如，张三在工作期间有贪污公款行为，后来他因工负伤，住院治疗 1 个月，但在这 1 个月内，公安机关发现张三的贪污行为，他被判处入狱 3 个月。在这种情况下，用人单位就可以解除劳动合同。

## 7. 经双方协商一致解除劳动合同的，农民工能否因此获得经济补偿

经劳动合同当事人协商一致解除劳动合同后，农民工能否获得经济补偿，应视情况而定，根据劳部发［1994］481 号文的规定，由用人单位提出解除劳动合同的，应当按劳动者在本单位的工作年限，每满 1 年发给相当于 1 个月工资的补偿金，最多不超过 12 个月。按照劳办发［1996］33 号文的规定，由劳动者本人提出解除劳动合同的，用人单位可以不支付补偿金。也就是说，在这种情况下，是否发给经济补偿金由用人单位决定。

## 8. 用人单位签订和续签劳动合同时，出现哪些情况应当对农民工承担赔偿责任

按照劳部发［1995］223 号文件的规定，出现以下情况，用人单位应承担经济责任：

（1）用人单位故意拖延时间不订立劳动合同，或劳动合同到期后故意不及时继续签订的。

（2）由于用人单位的原因订立无效劳动合同，或订立部分无效劳动合同的。

（3）用人单位违反规定或劳动合同的约定，侵害女职工或未成年工合法权益的。

（4）用人单位违反规定或劳动合同的约定，解除劳动合同的。

## 9. 务工者在哪些情况下可以解除劳动合同

劳动合同的解除，是指劳动合同有效成立后至终止前这段时期内，当具备法律规定的劳动合同解除条件时，因用人单位或劳动者一方或双方提出，而提前解除双方的劳动关系。根据《劳动法》的规定，劳动者可以和用人单位协商解除劳动合同，也可以在符合法律规定的情况下单方解除劳动合同。

《劳动法》规定：劳动者解除劳动合同，应当提前30天以书面形式通知用人单位。这是劳动者解除劳动合同的条件和程序。劳动者提前30天以书面形式通知用人单位解除劳动合同，无须征得用人单位的同意，用人单位应及时办理有关解除劳动合同的手续。但由于劳动者违反劳动合同的有关约定而给用人单位造成经济损失的，应依据有关规定和劳动合同的约定，由劳动者承担赔偿责任。

但是，在以下情况下，务工者不需要提前通知用人单位，就可以随时解除劳动合同。

①试用期内的。在试用期内就业者与用人单位的劳动关系还

没有确定，务工者享有选择职业的权利，可以随时解除劳动合同。

②用人单位以暴力、威胁或者非法限制人身自由的手段强迫劳动的。劳动合同应该在平等自愿的基础上签订，劳动过程也应当是平等自愿的，务工者有权反对强迫劳动。

③用人单位没有按照劳动合同约定支付劳动报酬或者提供劳动条件的。务工者享有取得劳动报酬的权利，在工作过程中用人单位也应该提供必要的劳动条件，如果用人单位无法提供基本的劳动条件，务工者可以随时通知用人单位解除劳动合同。

## 10. 农民工单方解除劳动合同企业不退风险抵押金对吗

现实中，农民工在工作期间企业经常违法收取风险抵押金，而这时农民工单方解除劳动合同，遇到这种事情该怎么办？

关于农民工单方解除劳动合同问题，《劳动法》规定：劳动者解除劳动合同，应当提前30天以书面形式通知用人单位。这一规定的基本含义是：劳动者有重新选择职业的权利；劳动者单方提前解除劳动合同必须符合法定程序，即劳动者应当提前30天以书面形式通知用人单位。符合法定条件的，用人单位应及时与劳动者办理解除劳动合同的手续。农民工与所在单位解除劳动合同，应依据上述规定。

关于用人单位与农民工订立劳动合同时向农民工收取风险抵押金问题，原劳动部分别以劳部发［1994］118号、劳办发［1994］256号和劳部发［1995］309号文件明令禁止。农民工所在企业的行为违反劳动法律法规，所收风险抵押金应立即退还。如果为此发生争议，农民工可以向企业劳动争议调解委员会申请调解，也可以直接向企业所在地劳动争议仲裁委员会申请仲裁，并可向劳动监察部门举报。

## 11. 农民工草率签订劳动合同，酿成苦果怎么办

订立劳动合同是用人单位和劳动者间平等协商一致后，用书面形式明确双方劳动权利、义务的法律行为。劳动合同的订立是劳动法律关系发生的根据，当事人要承担因订立劳动合同产生的法律后果。因此，农民工和用人单位都必须严肃认真地签订劳动合同。

我国《劳动法》规定：订立和变更劳动合同应当遵循平等自愿、协商一致的原则，不得违反法律、行政法规的规定。依据这一规定，在订立劳动合同时必须遵循以下原则：

首先，平等自愿、协商一致的原则。即劳动者和用人单位法律地位平等，双方应以平等身份并在完全出于当事人意愿的基础上订立劳动合同，任何一方不得将自己的意志强加给对方。双方应在充分表达自己意愿的基础上，平等协商，取得一致意见。

其次，依法订立的原则。具体包括：①订立合同主体合格。用人单位一方必须是具有资格的单位或能独立承担民事责任的个人，农民工一方必须是具有劳动能力、年满16周岁的劳动者，从事繁重体力劳动的必须是年满18周岁的劳动者。②合同内容必须合法，不得违反劳动法律法规的规定。用人单位起草的各项合同内容如合同期限、工作内容、劳动保护和条件、劳动报酬、违约责任、解约条件等都必须符合法律法规的规定。违法的厂规厂纪不得作为订立劳动合同的依据。农民工在订立合同前一定要

认真、仔细地阅读合同，弄清各条款的具体内容，对违反法律法规或违背自己意愿的条款内容及时提出修改意见，双方达成一致意见后才签字。劳动合同符合上述两项原则才具有法律效力，违反法律法规的劳动合同，采取欺诈等手段订立的劳动合同为无效合同，无效劳动合同从订立时起就不具有法律效力。

农民工在签订劳动合同时由于急于就业，往往没有履行协商一致的程序。厂方不向农民工介绍合同内容，没有征求农民工的意见，而农民工作为劳动者没有法律意识，盲目签了字，导致合同条款不完备，缺少对工资发放、医疗保险、劳动安全、工作时间和休息休假的规定，甚至合同中有关于扣风险抵押金、加班不给钱违反有关法律规定的条款。

遇到此类情况，农民工应当就履行劳动合同问题向当地劳动争议仲裁委员会申请仲裁，要求确认原劳动合同关于扣风险抵押金、加班不发加班工资的条款无效，裁决企业支付加班工资，退还风险抵押金，并在劳动部门的指导下，依法签订劳动合同。

## 12. 劳动合同中的“生死条款”有法律效力吗

通常所说的“生死条款”，应为无效劳动合同条款。首先，劳动合同中的“生死条款”为违法条款。《劳动法》规定：劳动者享有获得劳动安全卫生保护的权利，享受社会保险和福利的权利。同时规定：劳动者在退休、患病、负伤、因工伤残或者患职业病、失业、生育的情形下，依法享受社会保险待遇。而有的劳动合同中的“生死条款”却规定：“施工中如发生了意外，导致伤残、死亡的，其后果一律由其本人负担，本施工队与此无关。”这明显地违反了劳动法律法规的规定。其次，“生死条款”

不具有法律效力。《劳动法》规定：违反法律、行政法规的劳动合同无效，无效的劳动合同，从订立的时候起，就没有法律约束力。

## 13. 用人单位不签订劳动合同怎么办

我国《劳动法》明确规定，建立劳动关系，应当订立劳动合同。但在实际生活中，由于进城打工的人很多，但城市提供的就业岗位有限，就业竞争相当激烈，加之许多务工者缺乏必要的法律知识，一些用人单位就是利用这一点，不与就业者签订劳动合同，其目的是为了尽可能降低成本，推卸对劳动者应该承担的责任。

迫于就业压力，许多农民工担心和单位交涉会砸掉饭碗，因此只好忍气吞声，最终受害的还是自己。那么农民工在碰到这样的情况究竟该怎么办呢？下面我们向你介绍几种常用的方法。

①直接向用人单位提出签订劳动合同的要求。许多单位是利用农民工缺乏法律知识而故意回避劳动合同的，但是只要你正当提出，还是有可能补签的（当然这个方法可能会有被解雇的危险，因此在向用人单位提出要求时，尽可能地联系一些与你一样没有签合同的务工者，集体请求，这样单位就不会轻言解雇）。

②如果用人单位有工会组织，农民工可以向工会反映情况，请工会出面向用人单位提出要求。工会是为了维护务工者的合法权利而设置的，通过工会出面，效果会好得多。

③如果用人单位执意不肯签订劳动合同，那么农民工可以向劳动监察部门举报，劳动监察部门会对举报人姓名实行保密。对

用人单位不订立劳动合同的，劳动监察部门将责令其限期改正，补签劳动合同。

④万一用人单位因此而将你解雇了，你还可以在单位停止使用你之日起60日内向劳动争议仲裁部门申诉。劳动仲裁部门将按劳动合同制职工的待遇规定，裁决用人单位从开始使用你之日起缴纳所有社会保险费用，支付你相关待遇和赔偿损失。劳动仲裁部门的裁决是有法律效力的，单位不执行的，你可以向人民法院申请强制执行。

最后，对于那些签订劳动合同或是因没有签订劳动合同而使自己的合法权益受到侵害的农民工，一定要拿起法律武器，维护自己的合法权益。

## 14. 违反劳动合同的责任条款是不是由用人单位一方说了算

原劳动部办公厅在《劳动部办公厅关于试用期内解除劳动合同处理依据问题的复函》（[1995] 264号）文件中指出：根据《劳动法》规定，用人单位与劳动者可在劳动合同中约定“违反劳动合同的责任”，但必须经当事人平等协商，不能由任何一方单独决定。只要约定内容不与法律、法规、规章相抵触，且公平、合理、符合实际，劳动争议仲裁委员会可将其作为处理劳动争议的依据。

## 15. 签合同时用人单位能够收取抵押金、扣押有效证件吗

劳动合同不仅仅保护劳动者的合法权益，也保护用人单位的

合法权益。在签订劳动合同时，一些用人单位利用劳动合同收押金，侵犯劳动者利益，这是一种不合法的做法。除此之外，用人单位要求扣押身份证也是违反法律规定的。根据劳动和社会保障部《劳动力市场管理规定》的要求，禁止用人单位招用人员时向求职者收取招聘费用，向被录用人员收取保证金或抵押金，扣押被录用人员的身份证等证件。用人单位违反规定的，由劳动保障行政部门责令改正，并可处以1 000元以下罚款；对当事人造成损害的，应承担赔偿责任。

## 重视劳动保护，防止职业危害

### 1. 劳动防护

国务院办公厅下发的《关于做好农民进城务工就业管理与服务工作的通知》对改善农民工的生产生活条件作了如下规定：各地区、各有关部门要高度重视农民工的生产安全和职业病防治问题。使用农民工的单位，必须按照国家标准和行业要求，为农民工提供必要的安全生产设施、劳动保护条件及职业病防治措施。从事矿山、建筑和危险物品生产经营作业的农民工上岗前必须依法接受培训。要严格执行安全生产规章制度，加大生产安全监察工作力度，严防重大生产安全事故的发生。要做好将农民工纳入工伤保险范围的工作。发生生产安全事故要严格追究事故责任人的法律责任，并保证在事故中受到损害的农民工依法享有各项工伤保险待遇。要关心农民工的生活，切实解决他们的实际困难。卫生部门要做好农民工的计划免疫和健康教育工作，建立农民工集中居住地的环境卫生和食物安全检查制度，严防发生群体疫病传染和食物中毒事件。用人单位为农民工安排的宿舍，必须具备一定的卫生条件并保证农民工的人身安全。在农民工居住较集中的地段，当地政府应提供必要的基础设施，改善公共交通和环境卫生状况。有条件的地方可探索农民工参加医疗保险等具体办法，帮助他们解决务工就业期间的医疗等特殊困难。要认真贯彻落实禁止使用童工的规定，依法保护女工的合法权益，严厉惩处各种污辱农民工人格、侵害农民工人身权利的违法行为。

## 2. 务工者在劳动保护方面有哪些权利和义务

劳动保护是保护劳动者在生产过程中的安全与健康。劳动者的生命安全与身体健康不仅是劳动者自己工作和生活的基本条件，也是用人单位事业发展的需要，因为健康的劳动者可以为用人单位创造更多的财富。劳动保护包括劳动安全和劳动卫生两个方面。劳动安全是指在生产劳动过程中，防止中毒、车祸、触电、塌陷、爆炸、火灾、坠落、机械外伤等危及劳动者人身安全的事故发生。劳动卫生是指对劳动过程中的不良劳动条件和各种有毒有害物质的防范，或者是防范职业病的发生。按照《劳动法》的规定，用人单位必须建立、健全劳动安全卫生制度，对劳动者进行劳动安全卫生教育，防止事故，减少职业危害；为劳动者提供符合国家规定的劳动安全卫生条件和必要的劳动防护用品，对从事有职业危害作业的劳动者进行专门培训。因此，为了保证自己的生命和健康，劳动者如果发现用人单位没有采取相应的保护措施，那么就有权拒绝工作。同时，劳动者也应该严格遵守安全生产的规章制度，从防止事故做起，对自己的生命健康负责。

### 3. 国家规定女工不许从事哪些工作

当前我国农村外出的女性务工人员越来越多，她们为国家、为用人单位、为家庭做出了巨大的贡献。由于女性特殊的生理特点，国家规定妇女享有特殊劳动保护的权利。女工不允许从事的劳动范围包括：①矿山井下作业。②森林业伐木、归楞及流放作业。③《体力劳动强度分级》标准中第四级体力劳动强度的作业，指比较重的体力劳动。④建筑业脚手架的组装和拆除作业，以及电力、电信行业的高处架线作业。⑤连续负重（指每小时负重次数在6次以上），每次负重超过20千克，间断为负重超过25千克的作业。因此，如果用人单位要求女工从事以上工作，女工要懂得拒绝，千万不要冒着损害健康的危险去工作。

### 4. 国家对女工的劳动有什么特殊保护

国家对女工实行“四期”保护，所谓女工的“四期”，是指女工的经期、孕期、产期和哺乳期。做好女工的“四期”保护，不仅关系到女工自己的身体健康，也可能关系到女工下一代的健康。因此，国家对此做出了专门的规定。

（1）经期保护。在女工经期，用人单位不得安排从事高空、低温、冷水和重体力劳动。如果从事这些劳动，不良的劳动条件可能会影响到女工的健康和生育能力。

（2）孕期保护。已婚但还没有怀孕的女工不能从事接触铅、汞、苯、镉等物质的工作，因为这种工作可能会使她们生育畸形的孩子。怀孕的女工不允许从事的劳动范围为：①不能在对胎儿成长发育有害的场所工作，例如空气中含有铅及其化合物、汞及其化合物、苯、镉、铍、砷、氰化物、氮氧化物、一氧化碳、二氧化碳、氯等。②不允许从事重体力劳动。③不允许从事伴有全身强烈震动的作业。④不允许从事频繁变腰、攀高、下蹲的工作和电焊工作。⑤不允许从事高处作业。⑥怀孕7个月以上的妇女不得加班，尤其不得加夜班。

（3）产期保护。产期保护既包括生孩子之后的保护，也包括小产（即流产）之后的保护。女工在产期内享受一定时期的产假和正常的产期待遇。产假为90天，其中产前为15天，产后75天；难产的增加产假15天；生育多胞胎的，每多生一个增加产假15天；流产的，所在单位也要给予一定时间的产假，在产期中用人单位不得降低女工的基本工资。

（4）哺乳期保护。在哺乳期内，用人单位每天应给予女工两次哺乳时间，每次30分钟；不得安排女工在有害婴儿成长发育的场所工作；不能安排女工从事重体力劳动；不能安排女工加班。

## 5. 未成年工的特殊劳动保护有哪些内容

未成年工是指年满16周岁不满18周岁的劳动者。由于未成年工的身体还没有完全发育成熟，从事某些工作会危害生长发育和身体健康，因此，国家对未成年人就业做出了一些保护性的规定，主要包括：①用人单位不得安排从事矿山井下及有毒有害的工作。②不得安排从事重体力劳动。③不得安排从事其他禁忌性劳动，包括森林业伐木、归楞及流放作业、高空作业、放射性物质超标的作业以及其他会影响生长发育的作业。④要对未成年工定期进行健康检查。一般说来，这些未成年人虽然已经可以参加工作，但生理上和心理上还不成熟，家长最好不要让他们过早参加工作。如果能让他们在就业之前参加一两年的职业技术培训，掌握一些实用技术，在外出以后就能发挥自己的优势。

## 6. 工厂中主要有哪些职业危害

职业病主要有苯中毒、正己烷中毒、二氯烷中毒、三氯乙烯中毒、肺尘埃沉着病、金属中毒等，主要由如下各类工厂生产中的职业危害造成：

（1）电子厂生产中的中毒感染。电子厂的焊锡、浸锡和波峰焊等工序中，常接触铅。铅在 400°C 以上就会冒出铅烟。铅烟、铅尘或电焊时的蒸气通过鼻、口进入人体，长期如此将造成慢性中毒，症状为乏力，口腔有金属味，食欲减退，肌肉和关节酸痛，严重者会腹部痛。电子厂经营者有责任采取有效措施降低车间空气中的铅浓度，对接触有关程序的工作进行体检，发现症状者要调换岗位；而操作者要在作业时戴防烟或过滤口罩，饭前洗手。

（2）制鞋厂生产中出现的黏胶剂。制鞋过程所有的黏胶剂，往往有一种名为甲苯的易挥发液体。它经呼吸道、皮肤等进入体内，如果浓度高可致急性中毒，表现为头痛头晕、恶心呕吐、记忆力减退、月经异常、流泪等。操作者要坚持使用防毒口罩和防护手套，有肝肾疾病和皮肤病者不要从事相关工种。

（3）塑料厂生产时的聚氯乙烯。塑料厂在一些塑料制品加工过程中要加入某些有毒的添加剂，这些添加剂在加热时会挥发有毒物质，长期接触也会引起慢性中毒。聚氯乙烯是目前世界上使用最广的塑料，生产时产生的氯化氢在大量吸入时会引起支气管炎、肺水肿等。

(4) 玩具厂生产时的苯中毒。沿海的三资企业和乡镇企业中玩具厂占了一半以上，生产塑料玩具时要接触苯、甲苯和二甲苯以及其他化学物质，如果生产车间不通风，而工人连续作业时间过长，也会引起职业性中毒。因此，这些行业的生产环境要具备较好的通风条件，工人也要注意防护。

(5) 制衣厂中的各类粉尘。一是裁剪时布料的纤维性粉尘，长期吸入会造成咳嗽、咳痰、胸痛和呼吸困难等；二是电动缝纫机产生的振动和噪声容易使人引起神经衰弱，如头晕、失眠、心悸以及手麻等症状；三是工人长期坐着工作和视觉紧张，颈椎、腰背都可能出现疼痛。另外，布料处理的一些化学物质，在通风不好的生产场所也会令人中毒。

## 7. 劳动者哪些权益受到侵害时，可以向劳动保障监察机构投诉

根据《劳动法》、《社会保险费征缴暂行条例》、《劳动监察规定》等规定，劳动者在下列情况下，可以向劳动保障监察机构投诉：①用人单位违反录用和招聘职工规定的。如招用童工、收取风险抵押金、扣押身份证件等。②用人单位违反有关劳动合同规定的。如拒不签订劳动合同，违法解除劳动合同，解除劳动合同后不按国家规定支付经济补偿金，国有企业终止劳动合同后不按规定支付生活补助费等。③用人单位违反女职工和未成年工特殊劳动保护规定的。如安排女职工和未成年工从事国家规定的

禁忌劳动，未对未成年工进行健康检查等。④用人单位违反工作时间和休息休假规定的。如超时加班加点、强迫加班加点、不依法安排劳动者休假等。⑤用人单位违反工资支付规定的。如克扣或无故拖欠工资、拒不支付加班加点工资、拒不遵守最低工资保障制度规定等。⑥用人单位制定的劳动规章制度违反法律法规规定的。如用人单位规章制度规定农民工不参加工伤保险，工伤责任由农民工自负等。⑦用人单位违反社会保险规定的。如不依法为农民工参加社会保险和缴纳社会保险费，不依法支付工伤保险待遇等。⑧未经工商部门登记的非法用工主体违反劳动保障法律法规，侵害农民工合法权益的。⑨职业中介机构违反职业中介有关规定的。如提供虚假信息、违法乱收费等。⑩从事劳动能力鉴定的组织或者个人违反劳动能力鉴定规定的。如提供虚假鉴定意见、提供虚假诊断证明、收受当事人财物。⑪法律、法规、规章规定的劳动保障监察机构应当受理的其他事项。

## 如何处理劳动争议

### 1. 出现劳动争议怎样解决

劳动争议是指劳动关系双方当事人因劳动权利和劳动义务所发生的争议。劳动争议产生的前提条件是建立劳动关系。产生劳动争议的主要原因包括以下几个方面：①由于录用、辞职、自动离职和开除、除名、辞退就业者引起的争议。②由于劳动报酬问题引起的争议。③由于劳动保险和生活福利问题引起的争议。④

由于职业技能培训问题引起的争议。⑤由于工作时间、休息时间、女工及未成年人保护、劳动安全与卫生问题引起的争议。⑥由于奖励和处罚问题引起的争议。⑦由于履行、变更、解除和终止劳动合同引发的争议。⑧其他有关劳动权利、义务问题引发的争议。出现劳动争议以后，应积极地寻求解决途径。我国的《企业劳动争议处理条例》第6条规定，解决劳动争议的办法有四种：①与用人单位协商解决。一般劳动争议如果能够协商解决最好，协商解决不成再想其他途径。②协商没有解决的，向劳动争议调解委员会申请调解。劳动争议调解委员会一般设在企业工会委员会。③调解没有解决的，向劳动争议仲裁委员会申请仲裁。仲裁委员会的办事机构一般设在县、市、区的劳动局。④仲裁没有解决的，向法院提起诉讼。这有两种情况：一是务工者如果对仲裁裁决不服，可以从收到仲裁裁决之日起15天内向法院提起诉讼；二是如果用人单位在收到仲裁裁决之日起15天内未向法院提起诉讼，并且逾期不履行仲裁裁决，劳动者可以向法院申请强制执行。

## 2. 可以对哪些劳动争议提出仲裁申请

根据《劳动法》、《中华人民共和国企业劳动争议处理条例》及原劳动部《关于劳动争议仲裁工作几个问题的通知》等有关规定，劳动者与用人单位发生下列劳动争议，可以向劳动争议仲裁委员会提出仲裁申请：①因企业开除、除名、辞退职工和职工辞职、自动离职发生的争议。②因执行有关工资、保险、福利、培训、劳动保护的规定发生的争议。③因履行、解除、终止劳动合同发生的争议。④因认定无效劳动合同、特定条件下订立劳动合同发生的争议。⑤因职工流动发生的争议。⑥因用人单位裁减人员发生的争议。⑦因经济补偿和赔偿发生的争议。⑧因履行集体合同发生的争议。⑨因用人单位录用职工非法收费发生的争议。⑩法律、法规规定应当受理的其他劳动争议。

### 3. 怎样进行仲裁申请

根据《劳动法》和《中华人民共和国企业劳动争议处理条例》的规定，当事人申请仲裁，第一，应当在规定的时限内进行，即应当在劳动争议发生之日起60日内向仲裁委员会申请仲裁。第二，应当以书面形式向仲裁委员会提交申诉书，并按被诉人数提交副本。申诉书应当载明下列事项：①职工当事人的姓名、职业、住址和工作单位；企业的名称、地址和法定代表人的姓名、职务。②仲裁请求和所根据的事实和理由。③证据、证人的姓名和住址。申诉书内容不完整的，当事人可在仲裁委员会指导下进行补正，并按规定时间提交。第三，当事人申请仲裁，应当向有管辖权的仲裁委员会提出申请。

仲裁委员会应在收到仲裁申请的60天内做出仲裁裁决，由于案件情况复杂，在60天内不能结案，需要延期的，经报仲裁委员会批准，可以适当延期，但是延长的期限不得超过30天。

### 4. 农民工当事人能否不经仲裁程序，直接向人民法院起诉

仲裁程序是劳动争议处理中的必经程序，一般而言，不经仲裁程序而直接向法院起诉，法院将拒绝受理。

从实践上看，确实有法院直接受理劳动争议案件的情况，这

种情况通常是法院把劳动争议视同民事纠纷来对待的。例如，因工资发生的劳动争议同时也可以视为是追索劳动报酬的民事案件，法院是可以直接受理这样的案子的。不过，在劳动争议处理制度已经基本完善的情况下，应当准确地界定劳动争议和民事纠纷的区别与联系。比如，企业与职工之间的工资争议，就只能定义为劳动争议，而不能视为民事纠纷。否则的话，就可以据此类推所有的劳动争议都是某种民事纠纷，那么建立专门的劳动争议处理制度就失去了意义。

### 5. 人民法院受理哪些劳动争议案件

根据《企业劳动争议处理条例》的规定，人民法院受理企业与职工发生的下列劳动争议：因企业开除、除名、辞退职工和职工辞职、自动离职发生的争议；因执行国家有关工资、保险福利、培训、劳动保护的规定发生的争议；因履行劳动合同发生的争议；因履行集体合同发生的争议；法律规定的其他应由法院受理的劳动争议。

另外，国家机关、事业单位、社会团体与本单位职工之间，以及个体工商户与帮工、学徒之间发生的劳动争议，法院也应依法予以受理。

## 学会用法律保护自己

遵守法律、法规是每一个公民的义务，是维护社会良好秩序的基本前提。进城务工就业人员要树立牢固的守法意识，养成遵守法律、法规的良好习惯，并且要学会用法律保护自己的合法权益。

要做到自觉遵守法律、法规，应从以下两方面做起：

（1）注意学习法律、法规知识。特别要注意学习与城市生活有关的法律、法规，如治安管理规定、道路交通规定等。只有知道了按照法律、规定应该做什么、不应该做什么，才能使自己的行为符合法律、法规的要求，树立起牢固的守法意识。法律无情，要自觉地约束自己的行为，不能做违法的事情，否则会受到法律的制裁。

（2）注意养成遵守法律、法规的良好习惯。严格要求自己，从小事做起，从身边的事做起，使遵守法律、法规成为自己自觉的行为。

### 1. 用法律维护自己的合法权益

农民工在务工维权中常遇到以下一些基本问题，往往不知如何解决，现本书将此列举出来，以期对农民工在具体维权时有所帮助。

问题一：农民工维权主要有哪些途径？

（1）在职业中介机构被骗或者被用人单位侵权的，可以到当地劳动保障监察机构投诉。

（2）与用人单位发生劳动争议的，可以到当地劳动仲裁委员会申请仲裁；对仲裁结果不服的，可以向当地人民法院提起诉讼。

（3）到劳动保障部门投诉或申请工伤认定，要求支付社会保险待遇等，如果劳动保障部门有关机构拖着不办，或者对其处理结果不服的，可以申请行政复议或向当地人民法院提起诉讼。

（4）如果遇到一些复杂的官司，对法律问题搞不懂的时候，可以到当地工会、妇联、共青团组织、当地新闻媒体、法律援助中心等部门寻求帮助。

（5）如果想了解劳动保障政策，或者遇到具体问题需要咨询的时候，可以拨打“12333”劳动保障政策咨询热线电话（免费），工作人员会给您详细的解答。

问题二：用人单位拖欠工资怎么办？

在用人单位拖欠工资的情况下，农民工要先和用人单位协商，如果协商无法解决，则可以通过以下法律途径来解决：

（1）向当地劳动保障监察机构投诉举报。

（2）向当地劳动争议仲裁委员会申请仲裁，需要注意的是，要在劳动争议发生之日起60日内向劳动争议仲裁委员会提出书面申请。

（3）通过诉讼途径解决。这又分三种情况：一是针对劳动纠纷案件，经劳动仲裁后任何一方不服的，可以向法院提起诉讼；二是经仲裁后都服从，劳动仲裁裁决生效后，用人单位不执行的，农民工可申请法院强制执行；三是属于劳务欠款类的可直接向法院提起民事诉讼。

需要特别指出的是，在碰到拖欠工资等权益受到侵害的情况时，千万不能采取爬楼、堵路等过激行为和暴力等手段，一定要依靠法律途径来解决问题。否则，一时冲动不但于事无补，还有可能因触犯刑律被追究责任。

问题三：遇到工伤怎么办？

如果在工作过程中遇到事故伤害，应当马上到签订服务协议的医疗机构就医，情况紧急时可以先到就近的医疗机构急救。同时，及时向当地劳动保障行政部门申请工伤认定。如果自己长期在煤矿、采石场或有毒有害等场所工作，发现自己身体不适，一定要到当地卫生行政部门所属的职业病防治所进行诊断，确认为职业病后，再到劳动保障行政部门申请工伤认定。工伤职工如果对劳动保障部门工伤认定结论不服（如不认定为工伤），还可以在收到工伤认定书60日内提起行政复议；对复议决定不服的，还可以在15日内向当地人民法院提起行政诉讼。

被认定为工伤后，应拿着工伤认定书到当地劳动能力鉴定委员会申请伤残等级鉴定。拿到工伤认定书和伤残等级鉴定书之后，就可以到用人单位或劳动保障部门的工伤保险经办机构领取工伤保险待遇。如果所在单位没有参加工伤保险，工伤保险待遇由用人单位支付。用人单位参加了工伤保险的，就由工伤保险经办机构从工伤保险基金中按标准支付工伤保险待遇。

问题四：劳动者在劳动合同期内可否不辞而别？

劳动合同依法签订即具有法律约束力，当事人必须履行劳动合同规定的义务。《劳动法》规定："劳动者解除劳动合同，应当提前30日以书面形式通知用人单位。"因此，劳动者自行离职不辞而别，显然违反《劳动法》的规定，是一种违约行为。劳动者违反规定或者违反劳动合同的约定解除劳动合同，给用人单位造成经济损失的，应当承担赔偿责任，法律另有规定的除外。

问题五：怎样才能避免自己的合法权益受到侵害？

首先，要有法律意识，学会用法律手段来协调人与人之间的关系。农民工尤其应该了解一些跟务工密切相关的法律知识，了解自己应享有的权利和应承担的义务，用人单位侵犯农民工合法权益后应承担的责任等内容。

其次，要与用人签订劳动合同，当权益受到侵犯时，千万不能意气用事，也不要忍气吞声，要积极与用人单位协商解决问题，协商不成再通过劳动保障监察、劳动争议仲裁等法律手段，保护自己的合法权益。

问题六：与用人单位签订劳动合同时要注意哪些问题？

对进城就业的农民工而言，签订劳动合同是维护自身权益的重要手段。如果用人单位没有与农民工签订劳动合同，农民工一定要主动提出签订书面劳动合同；如果用人单位执意不肯签，农民工可以向当地劳动保障行政部门反映情况，由劳动保障行政部门督促其签订。在签订劳动合同时农民工要注意以下问题：

（1）劳动合同中必须明确规定劳动合同期限、工作内容和工作时间、劳动保护和劳动条件、劳动报酬、劳动纪律和违反劳动合同的责任等内容。农民工在签订劳动合同时，对以上各条要做到尽可能详细、具体，比如劳动报酬，一定要写明工资支付标准、支付项目、支付形式以及支付时间等内容，以便将来发生劳动争议时能够有效维护自己的合法权益。

（2）签订劳动合同前，要仔细阅读关于相关岗位的工作说明书、劳动纪律、工资支付规定、劳动合同管理细则等规章制度，因为这些文件涉及农民工多方面的权益，当这些文件作为劳动合同附件时，与劳动合同具有同样的法律约束力。

（3）劳动合同至少一式两份，双方各执一份，农民工应妥善保管。如果用人单位事先起草了劳动合同文本，农民工在签字时一定要慎重，对文本仔细推敲，发现条款表述不清、概念模糊的，及时要求用人单位进行说明修订。为稳妥起见，农民工在签订劳动合同前，也可以向有关部门或公共职业介绍机构进行咨询，确认合同相关内容的合法性、公平性。需要特别注意的是，当劳动合同涉及数字时，应当使用大写汉字。

（4）农民工在签订劳动合同时应注意不要签订下面几种合同：

①口头合同。有的企业不以书面形式与劳动者订立合同，只是口头约定工资、工时等，一旦发生纠纷，双方各执一词，由于缺乏书面文字证据，农民工往往有口难辩。

②生死合同。一些危险性行业企业不按劳动法的有关规定履行安全卫生义务，在签订合同时要求与劳动者约定“工伤概不负责”等条款来逃避责任。对这种情况，农民工可以要求用人单位取消这些条款；如果协商不成，一旦发生事故，农民工可以申请劳动仲裁委员会或人民法院确认这些条款无效。

③“两张皮”合同。有的用人单位害怕劳动保障主管部门监督，往往与劳工签订两份合同，一份用来应付检查，另一份合同才是真正履行的合同，而这份合同往往是只有利于用人单位的不平等合同。

④押金合同。一些用人单位利用农民工求职心切的心理，在签订合同时收取押金、保证金等名目众多的费用，农民工稍有违反管理的行为，用人单位即“合法”扣留这部分押金。这类合同是法律明文禁止的，农民工可以拒绝；实在无法拒绝，也一定要保留好收据，以备将来维护自己的权利时作为证据。

⑤卖身合同。一些用人单位与农民工在合同中约定“一切行动听从用人单位安排”，一旦签订，就如同卖身一样完全失去

行动自由。在工作中加班加点、强迫劳动，甚至任意侮辱、体罚和拘禁农民工。遇到这种情况时，不能忍气吞声，要及时向劳动保障监察部门或公安机关投诉举报，维护自己的合法权益。

问题七：工作过程中如何注意劳动安全？

在生产劳动中，尤其是在建筑、煤矿等高危行业，许多农民工整天接触的是钢筋、水泥、石块，或高空作业，或机器相伴，稍有不慎身体就会受到伤害。因此，在工作过程中劳动安全是第一位的，千万不能抱有侥幸心理。一定要了解所在的作业场所或工作岗位存在哪些危险，可能发生哪些伤害，以及如何防范和施救。要自觉接受企业的安全生产教育和培训，努力学习劳动安全卫生知识；遵守各种安全制度和操作规范，不违章作业，不冒险蛮干；正确使用生产设备、防护设施和防护用品；对违章指挥和强令冒险作业，农民工有权拒绝；发现危急征兆要主动采取措施，特别像火灾、触电、有毒有害气体泄漏等事故发生时，要在第一时间撤离现场并立即向领导报告。

问题八：在平时的工作中如何保留有关证据？

劳动者通过劳动保障监察、劳动争议仲裁、行政复议等法律途径维护自身合法权益，或者申请工伤认定、职业病诊断与鉴定等，都需要提供证明自己主张或案件事实的证据。如果劳动者不能提供有关证据，可能会影响自身权益的维护。因此，劳动者在平时的工作中，应该注意保留有关证据。主要包括：

（1）来源于用人单位的证据，如与用人单位签订的劳动合同或者与用人单位存在事实劳动关系的证明材料、工资单、收取押金等的收条、用人单位解除或终止劳动关系通知书、出勤记录等。

（2）来源于其他主体的证据，如职业中介机构的收费单据。

（3）来源于有关社会机构的证据，如发生工伤或职业病后的医疗诊断证明或者职业病诊断证明书、职业病诊断鉴定书，向劳动保障行政部门寄出举报材料等的邮局回执。

（4）来源于劳动保障部门的证据，如劳动保障部门告知投诉受理结果或查处结果的通知书等。

另外，《工伤保险条例》第19条规定，职工或者其直系亲属认为是工伤，用人单位不认为是工伤的，由用人单位承担举证责任。《最高人民法院关于审理劳动争议案件适用法律若干问题的解释》第13条规定，因用人单位做出的开除、除名、辞退、解除劳动合同、减少劳动报酬、计算劳动者工作年限等决定而发生的劳动争议，用人单位负举证责任。

问题九：哪些情况可以向劳动保障监察机构投诉？

劳动者认为用人单位侵犯其劳动保障合法权益的，有权向劳动保障行政部门投诉。可以投诉的事项包括：

（1）用人单位违反录用和招聘职工规定的。如招用童工、收取风险抵押金、扣押身份证件。

（2）用人单位违反有关劳动合同规定的。如拒不签订劳动合同、违法解除劳动合同、解除劳动合同后不按国家规定支付经济补偿金、国有企业终止劳动合同后不按规定支付生活补助费等。

（3）用人单位违反女职工和未成年工特殊劳动保护规定的。如安排女职工和未成年工从事国家规定的禁忌劳动、未对未成年工进行健康检查等。

（4）用人单位违反工作时间和休息休假规定的。如超时加班加点、强迫加班加点、不依法安排劳动者休假等。

（5）用人单位违反工资支付规定的。如克扣或无故拖欠工资、拒不支付加班加点工资、拒不遵守最低工资保障制度规定等。

（6）用人单位制定的劳动规章制度违反法律法规规定的。如用人单位规章制度规定农民工不参加工伤保险，工伤责任由农民工自负等。

（7）用人单位违反社会保险规定的。如不依法为农民工参加社会保险和缴纳社会保险费，不依法支付工伤保险待遇等。

（8）未经工商部门登记的非法用工主体违反劳动保障法律法规，侵害农民工合法权益的。

（9）职业中介机构违反职业中介有关规定的。如提供虚假信息、违法乱收费等。

（10）从事劳动能力鉴定的组织或者个人违反劳动能力鉴定规定的。如提供虚假鉴定意见、提供虚假诊断证明、收受当事人财物等。

（11）劳动者认为用人单位等侵犯其其他劳动保障合法权益的。

问题十：哪些情况可以向劳动争议仲裁委员会申请仲裁？

劳动者与用人单位发生下列劳动争议，可以向劳动争议仲裁委员会提出仲裁申请：

（1）因企业开除、除名、辞退职工和职工辞职、自动离职发生的争议；

（2）因执行有关工资、保险、福利、培训、劳动保护的规定发生的争议；

（3）因履行、解除、终止劳动合同发生的争议；

（4）因认定无效劳动合同、特定条件下订立劳动合同发生的争议；

（5）因职工流动发生的争议；

（6）因用人单位裁减人员发生的争议；

（7）因经济补偿和赔偿发生的争议；

（8）因履行集体合同发生的争议；

（9）因用人单位录用职工非法收费发生的争议；

（10）法律、法规规定应当受理的其他劳动争议。

问题十一：通过法律途径维护自身权益如何才能不超过法律规定的时限？

劳动者通过劳动争议仲裁、行政复议等法律途径维护自身合法权益，或者申请工伤认定、职业病诊断与鉴定等，一定要注意在法定的时限内提出申请。如果超过了法定时限，有关申请可能不会被受理，致使自身权益难以得到保护。主要的时限包括：

（1）申请劳动争议仲裁的，应当在劳动争议发生之日（即当事人知道或应当知道其权利被侵害之日）起60日内向劳动争议仲裁委员会申请仲裁。

（2）对劳动争议仲裁委员会做出的仲裁裁决不服，提起诉讼的，应当自收到仲裁裁决书之日起15日内，向人民法院提起诉讼。

（3）申请行政复议的，应当自知道该具体行政行为之日起60日内提出行政复议申请。

（4）对行政复议决定不服，提起行政诉讼的，应当自收到行政复议决定书之日起15日内，向人民法院提起行政诉讼。

(5) 直接向人民法院提起行政诉讼的，应当在知道做出具体行政行为之日起3个月内提出，法律另有规定的除外。因不可抗力或者其他特殊情况耽误法定期限的，在障碍消除后的10日内，可以申请延长期限，由人民法院决定。

(6) 申请工伤认定的，所在单位应当自事故伤害发生之日或者被诊断、鉴定为职业病之日起30日内，向统筹地区劳动保障行政部门提出工伤认定申请。遇有特殊情况，经报劳动保障行政部门同意，申请时限可以适当延长。用人单位未按前款规定提出工伤认定申请的，工伤职工或者其直系亲属、工会组织在事故伤害发生之日或者被诊断、鉴定为职业病之日起1年内，可以直接向用人单位所在地统筹地区劳动保障行政部门提出工伤认定申请。

问题十二：与用人单位存在事实劳动关系的劳动者如何享有劳动保障权利？

事实劳动关系的双方当事人均享有劳动保障法律法规所规定的一切权利，并应履行劳动保障法律法规所规定的一切义务。存在事实劳动关系的劳动者在权益受到用人单位侵害时，可以通过劳动保障监察、劳动争议仲裁、向人民法院起诉等途径，依法维护自身合法权益。

问题十三：非法用工主体招用的劳动者是否享有劳动保障权利？

即使劳动者是在非法用工主体工作，也仍然享有劳动保障法律法规所规定的权利，非法用工主体违反劳动保障法律法规规定，侵害劳动者合法权益的，劳动保障行政部门应追究该用人单位的法律责任；对用人单位违反其他法律法规的行为，劳动保障行政部门或劳动者应提请有关部门追究其法律责任。

## 2. 农民工必知的15个法律名词

（1）什么是当事人？什么是申诉人和被申诉人？

仲裁活动中的当事人是指因权利义务关系发生争议，以自己的名义进行申诉或应诉活动，并受仲裁委员会裁决约束的利害关系人。在实体法上，法律关系的主体，一般称为权利人、义务人，不称当事人，在程序法上称为当事人。

仲裁活动中的申诉人是以自己的名义，为了保护自己的权益，向仲裁机关提出申请，从而引进仲裁程序发生的人。被申诉人是因申诉人向仲裁机关申诉他侵害申诉人的合法权益，或者发生了争议，而被仲裁机关通知应诉的人。

（2）什么是法人？什么是法定代表人？

法人是“自然人”的对称，是指有一定组织机构，能够自主经营、自负盈亏，并以自己的名义独立参与民事活动，享有权利和承担义务的社会组织。在我国，法人可分为国家法人和集体法人、企业法人和事业法人、社团法人和财团法人。

法人作为仲裁活动的当事人时，应当由其法定代表人参加仲裁活动，法定代表人不能参加时，应由其委托代理人参加仲裁活动。法定代表人也称为法人代表，是指根据法律为法人从事活动设立的代表制度而行使代表权的主要行政负责人。其情况有三种：一是指单位的正职行政负责人，如工厂的厂长，公司的经理，学校的校长等。二是有的单位没有正职行政负责人，可由主持工作的副职人员担任，如副厂长、副经理。三是有的单位没有明确正副职务时，由主持工作的行政负责人担任，单位其他人员不能作为法人代表。

(3) 什么是委托代理人？什么人可以被委托为代理人？

受当事人、法定代表人、法定代理人的委托，代为某种法律行为的人，称为委托代理人。例如，当事人授权委托劳资科长参加仲裁活动，劳资科长就是委托代理人。

委托代理人根据代理权所实施的一切法律行为，其后果一概由被代理人承担。但是超过代理权的任何行为，都属于无权代理，对被代理人不发生法律效力。根据民法通则第六十四条规定：委托代理人按照被代理人的委托行使代理权，但对代理权限的确定，必须坚持做到以下几点：

①委托的权限不得违反法律、法规的有关规定；②必须出于被代理人的自愿，不得强行代理；③代理权限必须明确具体，以便于分清责任，也便于代理人进行诉讼活动。

在劳动争议仲裁活动中，代理权一经确定，被代理人应当向受理争议案件的仲裁机关递交授权委托书，写明委托事项和权限。

具有下列条件之一的，均可以被委托为代理人：

①有权力能力和行为能力的公民；②法人机构委托法人的成员作为代理人；③委托律师为代理人。

(4) 什么是法定代理人？什么是指定代理人？

法定代理是为无行为能力设立的一种代理制度。法定代理人是根据法律的规定行使代理权的人。法定代理人根据法律规定代理特定的当事人（如未成年人、精神病人）以行使诉讼上的权利，维护其合法权益。法定代理人，不需要当事人的授权，按照法律规定，根据一定社会关系的存在而确定的代理，这种代理的双方之间存在一定的身份关系，例如，父母是未成年子女的法定代理人。

指定代理人是指按照人民法院或者有关机关的指定行使代理权的人。在一般情况下，无诉讼行为能力的当事人，由他的法定代理人代为诉讼。但是，在他没有法定代理人代为诉讼，就由人民法院或者有关机关为他指定代理人。

（5）什么是调解申请书？申请调解形式及其内容是什么？

调解申请书是指劳动争议发生后，当事人向本企业劳动争议调解委员会递交的请求调解的书面形式。根据现行法规，当事人申请调解可以采用口头或者书面的形式。书面申请应写明申请人和对方当事人的姓名、性别、年龄、职务以及争议的内容，申请调解的理由与要求，并提供有关的证据；口头申请则由调解委员会将上述内容记录在案，并由申请人签字。

（6）什么是辩论原则？

辩论原则，是指在劳动争议处理机关主持下，当事人有权就争议的事实和问题，各自陈述自己的主张和根据，互相进行反驳和答辩，以维护自己的合法权益。通过双方当事人的辩论便于劳动争议处理机关查明案件事实，从而准确地适用法律、法规，确定当事人之间真实的权利义务关系，做出正确的裁决。

双方当事人进行辩论的形式，可以是口头或者书面形式。在仲裁前的准备阶段，针对申请人的仲裁请求，对方当事人可以提出答辩书，这是用书面形式进行辩论。在仲裁庭上，双方当事人互相进行反驳和答辩，是口头形式的辩论。

双方当事人辩论内容，主要是争议的实质性问题，其次是与案件有关的程序方面的问题，前者如申请人的请求事项或对方当事人的答辩能否成立，有无事实根据和法律根据等；后者如当事人是否符合法定条件，当事人的代理人是否经过合法的委托和授权，受理本案的处理机关有无管辖权等。

(7) 什么是一次裁决制度？

一次裁决，是指一起劳动争议案件经过其管辖的劳动争议仲裁委员会裁决即行终结的制度，也就是当事人对一级仲裁机关的裁决不服时，不得再向上一级仲裁机关申请仲裁，只能在收到仲裁决定书之日起十五日内向有管辖权的人民法院起诉，期满不起诉的，仲裁决定书即发生法律效力。

(8) 什么是当事人的陈述？

当事人的陈述是指在仲裁程序中，当事人向仲裁机关说明争议的事实经过，提出证据和分析证据，提出适用法规的意见，以及同意或者反驳对方提出的事实和主张。

当事人向仲裁机关陈述的内容，概括起来有两个方面：一是有关争议事实的陈述（包括当事人一方对另一方提出的不利于己的事实所作的肯定和否认），一是关于请求适用某项法律、法规或政策，作有利于自己的裁决的陈述。能够用作证据的，只能是当事人对争议事实的陈述，即作为他们提出申请请求、答辩根据的事实。至于有关适用法律的陈述，由于不能据以证明案件的真实情况，所以不能作为证据，只能作为仲裁机关裁决参考。

(9) 什么是证人证言？

证人证言是指证人就其所了解的争议事实情况，向仲裁机关所作的陈述。

证人必须是自然人。国家机关、企业、事业单位或人民团体不能当证人。因为证人必须是以自己的感觉器官了解争议事实情况的具体人，而上述单位不可能像自然人那样感知争议事实。如果这些单位的某些人了解情况，他就应以个人身份作证。但生理上、精神上有缺陷或者年幼、不能辨别是非、不能正确表达意思的人，不能作证人。

证人证言的内容，主要是对查清劳动争议案件有意义的一切事实。法律只要求证人陈述这些事实，而不要求证人对这些事实做出判断。与争议案件无关的事实，或者是证人的估计、猜测等，不能作为证言的内容。

证人陈述的情况，可以是亲自听到或看见的，也可以是别人听到或看到而转告他的。证人对别人转告的情况，必须说明来源，说不出来源，或者道听途说的消息，不能作证言。

证人证言是广泛运用的一种证据，对于查明争议案件事实具有重要意义。

(10) 什么是书证？

凡是用文字记载的思想或行为以及用符号、图画表达人的思想，其内容对案件的真实情况具有证明作用的物品，称为书证。这种物品之所以称为书证，不仅因为它一般都具有书面形式，更重要的是它记载或表达内容与案件有联系，能够作为认定案件事实的根据。

(11) 什么是物证？

凡是用物品的外形、特征、质量等证明待证事实的一部或全部的，称为物证，如职工加工的质量规格有争议的产品；受损坏的公私财物等。

物证是以它的存在情况、形状、质量、特征来证明争议事实的。现场照片是属于现场勘验笔录的组成部分，对某个物证的拍照或制作的模型，则是固定和保存物证的一种方法。作为物证的仍是原来物品或痕迹，而不是照片或模型。

（12）什么叫集体劳动争议？

集体劳动争议是指多职工因同一原因与用人单位发生的劳动争议。所谓“多人”，从理论上讲，是指三人及以上，但实际上要求的人数更多。集体劳动争议的特点是涉及人数较多，影响较大，处理难度较大，容易引发停工、罢工等恶性后果。

（13）什么叫企业劳动争议调解委员会？

企业内部设立的劳动争议调解委员会是本企业的劳动争议调解组织，负责调解本企业职工与企业间的劳动争议。

企业劳动争议调解委员会一般由职工代表、工会代表和用人单位三方代表对等组成，调解委员会负责人一般由企业工会主席兼任，工会代表一般是工会干部，职工代表一般由职工民主推选，企业代表一般由企业行政人员担任。职工代表和工会代表人数至少应占调解委员会成员总数的2/3。在有的企业设有专门的劳动争议调解委员会办公室，有的则设在工会办公室或劳资部或人力资源部。

（14）什么叫劳动争议仲裁委员会？

劳动争议仲裁委员会是由劳（劳动者）、资（企业方）、政（政府方）三方代表组成，负责裁决劳动争议的部门。代表劳动者的一般为市工会或区工会，代表企业方的一般为市、区经贸委或经济委员会，代表政府的一般为同级劳动保障行政部门。劳动争议仲裁委员会一般在劳动保障行政部门常设办事机构。目前，我国县、市、市辖区一般都设立了劳动争议仲裁委员会及其办公室。

(15) 什么叫劳动保障监察？劳动保障监察的主要对象是什么？

劳动保障监察是指由劳动保障行政主管部门对用人单位和劳动者遵守劳动法律、法规、规章情况进行检查并对违法行为予以处罚。

任何单位和劳动者均有权对违反劳动法律的行为向所在地的劳动监察机构举报。

在我国，县和县以上劳动保障行政主管部门设有劳动监察机构，负责管辖区域内的劳动监察工作。

劳动监察的主要内容包括：

①职业介绍机构和职业培训机构遵守有关规定的情况；②劳动合同的订立和履行情况；③单位招聘职工的行为；④劳动者的工作时间；⑤单位支付职工工资的情况；⑥国有企业经营者的收入情况；⑦单位和劳动者缴纳社会保险费的情况；⑧社会保险金结付情况；⑨单位遵守职工福利规定的情况；⑩单位劳动者遵守职业培训的规定的情况；⑪职业技能考核鉴定机构对劳动者职业技能考核鉴定及证书发放的情况；⑫用人单位遵守企业工资总额宏观调控规定的情况。

# 第七章 增强防范意识，学会保护自己

## 增强公共场所的防范意识

公共场所人多拥挤，正是扒手们最“青睐”的地方，打工者出门时一定要保管好自己随身携带的钱物，避免丢失。

（1）出门不要带太多现金。衣袋里放少量零花钱，这样用起来方便。零花钱不够用时到卫生间或隐蔽的地方去掏大钞，不要当众清点钱物或从口袋里拿大笔的钱，以免成为扒手的目标。

（2）在人多拥挤的场合，要护着装有贵重物品的小包，一般来说小包尽量不要背在身后，以防备扒手割包、抢包。

（3）在商场、超市购物时不要将包等物品放在柜台上或购物车内，防止遗忘丢失或被他人拎窃。

（4）在饭店、餐馆就餐时，不要把装有贵重物品的衣服搭在座背上，以防有人从后面行窃。

（5）平时骑车出门，不要把挎包、手包、公文包随便放在车筐里或后架上，以免“飞车贼”顺手牵羊。遇到自行车需要检修时，先将车筐内的财物放好，以免坏人趁你不备把包拎走。

（6）上下公交车时正是扒手们作案的最佳时机，他们一般两个人联手，前面一人挡住你视线，后面一人乘机下手。这个时候，由于你一心想着上下车，结果身上财物被偷，等你上下车后得知已悔之晚矣。

（7）遇到财物丢失时，应及时报警，并向警察提供相关线索。

## 公共场所防止性骚扰

公共场所除了防止财物被偷被骗以外，对于女孩子来说，还要学会自我保护。在公共场合，如乘车或购物时，甚至工作场所，女孩都有可能碰到“色狼”的骚扰。他们故意用下身紧贴女性，并左蹭右蹭，或者故意用手触碰女性的胸部或臀部，有时，说些下流话或者用眼睛一直盯住你的胸部等。

### 1. 常见的性骚扰类型

一般较常见的性骚扰主要有以下几种：

（1）身体接触骚扰。

在商场、公交车、地铁等公共场所，自己的隐私部位被侵犯或被对方隐私部位侵犯。如被乱摸、对方故意擦撞、强行搭肩膀或手臂、故意紧贴他/她人等。

（2）言语骚扰。

在两人独处时故意谈论有关性的话题，询问个人的性隐私、性生活，对别人的衣着、外表和身材给予有关性方面的评语，故意讲述色情笑话、故事等。

（3）非言语骚扰。

故意吹口哨或发出接吻的声响，身体或手的动作具有性的暗示，用暧昧的眼光打量他人，展示与性有关的物件，如色情书刊、海报等。

（4）短信、电子邮件骚扰。

经常发短信、写纸条、发电子邮件，写一些黄段子或肉麻不堪的话，多次提出与对方到私密场所约会的请求。

（5）性索贿或性要挟骚扰。

以同意性服务为条件，来换取一些利益，甚至以威胁的手段，强迫进行性行为。

（6）自我暴露骚扰。

走到胡同、地下通道等比较僻静的地点时，遇到暴露狂或露阴癖者，故意走到你身边或发出声音引起你注意，然后做出下流动作等。

（7）偷窥骚扰。

在商场试衣间或使用卫生间时，发现有人正在偷窥等。

（8）公开挑逗骚扰。

在当事人极为反感的情况下，还在公共场合以开玩笑的形式称呼当事人“亲爱的”、“老婆”、“老公”、“宝贝儿”，或“开玩笑”与当事人拥抱、亲吻、动手动脚，喝酒时不断要求与他人喝交杯酒等。

## 2. 如何对付“色狼”

（1）穿着不要太暴露，不给坏人可乘之机。

（2）对总是探询你隐私的人，避免与其单独相处。

（3）发现图谋不轨者用眼睛狠狠地瞪他，表明你对他已有警惕。

（4）声东击西。遇“色狼”时大声喊“抓小偷”，他肯定反驳自己不是小偷，你就可以说“不偷东西，你干吗一直往我身上贴”，让“色狼”无地自容。

（5）妙用高跟鞋。装作不小心要摔倒的样子，用高跟鞋后跟照着他脚狠踩几下，然后向他道个歉，让他有苦说不出来。

（6）预先在小包里准备一个小别针，或者钥匙也可以，遇到骚扰时就将别针或钥匙捏在手里，他一靠近就扎他。

（7）直接大声斥责“色狼”，二话不说将他推开。

（8）如果在偏僻的地方有人纠缠你，大声呼救，向人多的方向跑或报警。

# 增强网络安全意识

## 1.“网虫”一族防范意识要加强

互联网极大地丰富和方便了我们的生活，但是互联网的广泛应用也引发了一些问题，特别是不能正确使用互联网时，网络中隐藏的危险就会显现出来。在此，特别提醒打工者，使用互联网要三防：

一防网络坏人。

互联网的人身安全隐忧集中体现在两方面：网络聊天和网吧

安全。

网络聊天可以放松我们的身心，交到新的朋友。但是，由于在网络中人们都以虚拟身份出现，其中不乏一些犯罪分子。有的女孩轻信了“网络爱人”的甜言蜜语，双方相约见面，却被那个“网络爱人”谋财劫色甚至杀害。因此，在网络聊天中必须保持警惕，即使双方要见面，也不要约在荒芜、偏僻的地点或夜晚。尽量约有同伴，如果情况危险应迅速报警。

另外，网吧内人员复杂，从安全起见，应该去正规网吧上网，不要去一些没有营业执照的黑网吧，更不要通宵上网。另外，黑网吧因逃避检查而在深夜将大门紧锁，如有火情发生，后果不堪设想。

二防网贼。

一些大的、正规的购物网站有信用保障，购物时只要按照网站提示的交易流程操作，就基本可以保障自己的合法利益。但是，现在网络骗子很多，有人专门设置非法购物网站欺骗网民，因此网上购物时，千万不要轻易泄露你的银行账户和密码。为了避免上当受骗，在网上看中东西后，先不要付钱，而是让其送货上门，验过货后再付款，或者是选择网上看货，网下交易。

另外，如果网站出售的货物与市场价格相差过于悬殊时，很有可能是假货或者违法商家，应该谨慎购买。

三防“网瘾”。

在网络越来越渗透我们的生活的同时，也出现了一些人沉迷于网络空间难以自拔。这种行为被称之为“网瘾”，相对于上述的人身安全与财产信息安全隐患，“网瘾”似乎并不明显，但若不加以注意，就如同毒瘾一般，同样会带来巨大的痛苦。

有些沉迷于网络聊天、网络游戏不能自拔的人，往往混淆了网络世界与现实生活的区别，干出各种各样的蠢事、错事。网络只是供我们使用的工具，绝不可能成为我们生活的世界。对虚拟的网络世界，同样应以正确的人生观面对。记住，幸福的人生只能靠自己的双手努力创造。

## 2. 网友见面要慎重

山东枣庄市的打工妹谢小姐几个月前在 QQ 聊天时，认识了一位自称在上海某公司工作的男孩周某。周某帅气高大，说话很讨人喜欢，两人在网上聊得很投机，大有相见恨晚之意。某日，周某打电话给谢小姐，称他已来到枣庄。见面时，周某装作很诚恳的样子说要去服装店购买衣服送给谢小姐。在一家服装店里，谢小姐看中一件衣服，周某叫她穿上试试。谢小姐于是将提包交给周某，自己拿着衣服进了试衣间。等从试衣间出来，周某已经不见了，随着不见的还有谢小姐的提包，包内有 1 000 多元现金和手机、身份证等物品。

网络如今已成为打工朋友消磨时光的一个好去处，在网上聊天时，记住不要轻易地与网友见面！如果一定要见，则请务必注意以下几点：

（1）大多数的网友被侵害案件，发生在双方认识三个月以内。也就是说，尽量不要与刚认识不久的网友见面，见面一定要在充分了解和信任对方的基础上进行，如果对方真的尊重你，不会没有耐心的。

（2）如果对方没有经过视频认证，则请一定不要见面。

（3）不要选择偏僻或人少的地方作为见面地点。不饮用对方提供的饮料和食物。

(4) 事先告诉你的好友或家人，你要见的人的名字、电话，还有见面的地点，以及大致回来的时间。在见面现场保持和家人的联系，随时告知所在地点，有效防止受骗和受到侵害。

(5) 只带零花钱，而不要带多余的现金以及银行卡在身上。

(6) 在充分相信对方之前，不要告诉对方你的详细住址。

(7) 与网友见面过程中，如果发现不对劲，请立即乘车离开或进入人多的地方。

(8) 最后，遇到受骗等此类情况，应及时向公安机关报警，不要隐瞒一些真相，以便警方快速抓获犯罪嫌疑人。

## 努力提高防骗能力

打工者缺乏城市生活经验，很容易被骗子盯上，所以，初次到城市的打工者尤其要提高警惕。尽管街头骗子常常花样翻新，骗取他人钱财，但只要我们早有警觉，不贪图小便宜，不异想天开，他们就不会得逞。

### 1. 生活中常见的骗局

骗术1：网上发布“中奖信息”诈骗。

“恭喜！你已被选为《腾讯十周年庆典》的二等奖幸运用户！”收到这种天上掉馅饼的好事，你可要当心上当了。通常，骗子先告诉你中了大奖，让你打电话联系；再告诉你奖品虽然免费，邮资却要自付，或是要自交个人所得税；最后是收到你的钱后溜之大吉。

提醒：面对此类骗局，最好的办法就是找相关公司客服电话求证真伪即可。

骗术2：银行柜员机张贴“故障通知”。

犯罪分子的作案手法主要有以下几种：一是在银行柜员机上张贴“假通知”，误导持卡人将存款转入犯罪分子预先设置的账号中；二是犯罪分子在柜员机上不显眼处张贴“机器故障”通知，要求被吞卡的用户拨打指定电话。当持卡人按提示拨打相关电话后，犯罪分子设法骗取持卡人密码，待持卡人离开后，取出卡，盗取资金；三是犯罪分子采取团伙作案方式，在柜员机连接过程中，以帮助持卡人操作为名，制造“吞卡”假象，然后趁持卡人不注意取出银行卡到异地取款。

提醒：一是银行电脑系统升级、服务方式改变等情况，银行会在营业场所内公布，如有疑问可通过银行固定的咨询电话查询，不要轻信柜员机上张贴的“通知”，发现假消息及时拨打110报警；二是持卡人取款时要提高警惕性，不要随便泄露银行卡的密码，一旦卡被“吞”，请直接到银行报失或拨打银行专门服务电话，不要轻信和拨打张贴在柜员机上的电话号码；三是利用银行卡取钱时，留心站在你身边的人，特别是热心帮你取钱的人。

骗术3：捡钱平分诈骗。

犯罪分子一般三人以上组成诈骗搭档，通常选择在银行、邮局或医院等群众易携带大量现金的场所物色对象，选择的作案对象一般以中老年女性居多。整个诈骗过程分为六步：即“掉、捡、分、缠、调、溜”。骗子A在事先物色好的作案对象前“掉钱”，骗子B“捡钱”，然后给事主看到厚厚一沓钞票，这些钱中，除了前后两张为真币外，当中夹放的多是裁剪整齐的纸、银行练数钞用的假币或冥币。骗子B以“见面分一半”为诱饵，骗事主到偏僻处“分钱”。在分钱时，骗子A出现，咬定事主私吞了刚才掉在地上的钱，要求事主掏出身上的钱证明清白。这时，骗子C充当“中间人”调解，趁乱将事主的钱调包后溜之大吉。

提醒：勿起贪心，不要轻易跟随陌生人进行“分红”或“交易”，以免落入圈套。

骗术4：“碰瓷”陷阱。

在火车站、汽车站等处，骗子故意与你撞一下，导致“高级药瓶”碰倒了，里面的液体散了一地。然后，骗子会对你编故事，说这是一种很高档的中药，要好几万块钱。你赔吧！

提醒：这就是行家所说的“碰瓷”陷阱。不要被骗子吓人的面孔吓倒，越软弱，骗子要价会越高，你此时要做的就是赶紧打电话报警。一听到警车铃声，这些骗子就会溜得飞快。

骗术5：迷信设局诈骗。

在整个骗局中，犯罪分子分工明确。一般情况下，最初与受害人接触的两人均为妇女，妇女A负责物色行骗对象并与之攀谈，以要找“神医”（老中医或百岁老人）治病消灾为由，向受害人打听“神医”住所。妇女B接着出现，自称认识“神医”，可以带路。一路上，两骗子从闲聊中了解到受害人的家庭成员姓名、职业、健康等情况，再暗中发短信通报给负责扮演“神医”子女的同伙。骗子随后将受害者带到一栋住宅楼下，“神医”的“子女”称“神医”不便见客，同时“很神奇”地道出受害人家中相关情况，让受害人对“神医”的能耐深信不疑。随后骗子说受害人家中近期将会大难临头，需将家里所有钱财交给“神医”供奉一夜即可解除。受害人往往不知是计，轻信对方从而上当。

提醒：骗子往往抓住事主迷信心理，假冒和尚、尼姑或“算命先生”，称事主家人将有疾病或血光之灾，事主必须拿出一定钱财“做法”才能消灾。广大农民工要破除封建迷信思想，相信科学，有病及时到医院治疗，切勿相信“天降灾祸”等迷信之说。

骗术6：“富豪”征婚诈骗。

化身事业有成的成功人士，佯装人海中寻找终身伴侣，实际上却是假借征婚为名，行诈骗之实。如七旬工程师胡先生退休后不堪晚年孤寂，征婚时却身陷“粉红陷阱”，被女“富豪”骗走一生积蓄30多万元。无独有偶，30岁的深圳离异女子阿凤，通过网络交友遇到一名自称“富豪”的男子，被“富豪男”先后骗光了20余万元积蓄才如梦方醒。目前，涉案人员已被警方抓获。

提醒：在交谈中，谎称自己事业成功，用甜言蜜语博取好感约见异性，再以做生意遇到困难为由骗取钱财，是犯罪嫌疑人利用征婚行骗的典型手段，广大农民工应注意避免交友不慎给自己带来精神伤害和经济损失。

骗术7：设局聚赌诈骗。

在车上、街头、旅馆或其他公共场所，以扑克、象棋、铁瓜子、套红绿铅笔、套杯子等设局，利用人们的赌博心理进行诈骗。这种骗术，往往有五六个人搭配进行诈骗。一人设置赌局，旁边几个“托”参赌。利用从众心理，当事主看到别人赢钱心动一起参与时，开始先让事主小赢一点，然后再骗光事主口袋里的钱财。

提醒：这种把戏中掺有魔术技巧，外人是永远赢不了的，最好的办法是远离赌博。

骗术 8：用外币诈骗。

犯罪嫌疑人 A 在马路上以问路为由与事主搭识，以出车祸、出国或其他急事需要用钱为由兑换外币。此时，路过的犯罪嫌疑人 B 假扮银行工作人员来确定这些外币是真的美元（英镑），鼓动事主兑换，可赚取差价。诈骗得手后立即逃离现场。

提醒：此类诈骗中，犯罪分子抓住市民赚取差价的心理，以低值外币（如越南币、秘鲁币）冒充高值外币（如美元、欧元、英镑等），诱骗市民用人民币进行兑换。此外，私下倒卖外币是违法的，外币兑换应在指定的银行办理。

对于这些诈骗行为，务工者应保持清醒的头脑，不受这些骗术所迷惑，其实骗子骗术能得逞，往往就是利用人们贪小便宜或胆小怕事的心理，“蒙”走你的钱的。防骗其实很简单——只需增强点防范意识，不贪意外之财，不滥用同情心，再“精明”的骗子也无法得逞，

## 2. 劳务诈骗

目前劳务诈骗的手段层出不穷，花样百出，目前发现的有六种诈骗形式。

第一是联手诈骗。黑中介、骗子公司、皮包公司联手，以推荐工作为名收取各种费用，两家或者多家公司互相推荐求职者，

他们实为同一老板，狼狈为奸。

第二是引诱诈骗。招聘时开出空头支票，口头承诺何时上班月薪是多少，但根本没法实现，特别是招聘文员、财务、司机等，只要交钱都会被聘用，然后又要求高价买下所谓的会员卡或化妆品等，完成不了所谓的定额，他们就借故炒人。

第三是游戏诈骗。此类诈骗活动主要集中在车站或是外来劳务工作流动量大的地段，他们租用酒店、招待所或是写字楼，诱人上当捞一把就走。

第四是假证诈骗。现在已经发现有些单位用假营业执照、许可证骗人，提醒农民工，当发觉事情不大对头时，最好到工商部门先查一下。

第五是培训诈骗。一些非法培训机构、美容美发店、桑拿按摩中心等，以培训并安排工作为名，收取500元到2 000元不等的培训费用，拿到钱款后就携款潜逃。

第六是存钱诈骗。以每月2万元到3万元薪水为诱饵，招聘俊男靓女，诱骗求职者先以保证金的方式把钱存入指定的账户，之后通过银行卡把钱取走，逼迫求职者从事色情服务。

对于招工中的各种骗局，其实只要睁大眼睛，选择有工商营业执照的正规劳务中介单位，面试前认真了解招聘单位相关情况，不要轻信花言巧语，不妄想一夜暴富，这些骗术就会失灵。

### 3. 手机短信诈骗

在移动通信技术应用的今天，一些犯罪分子也把眼睛盯向了这个领域，利用手机短信诈骗成为近年常见的诈骗手法。

如接到以下12种电话你可要小心了，一般来说，这些都是骗人的电话，目的是为了骗你的钱。

（1）如果你接到“我是××省公证处的公证员××，恭喜你的手机或电话号码在××抽奖中了×等奖，奖品是小轿车一部”的短信，请先思考几秒钟，想想自己是否将手机号投入摇奖或参与什么活动，如果没有请删除信息，不要回复。

（2）以××银行名义提醒你在某地刷卡消费，金额将于近期从你账户中扣除。如果你收到类似手机短信，再按短信里的电话询问，就栽进不法之徒的圈套。

（3）如果你接到有人来电话称是国家税务局干部，帮你办理汽车或房屋退税事宜，别相信这类谎言。

（4）有人打电话称，你的家人在某地生急病或发生意外，急需用钱，让你把钱打到××银行账号，一定要核实清楚，不要轻易相信。

（5）有人打电话称，你的孩子被绑架，并索要赎金，电话中甚至还出现孩子哭闹声。如遇到这种事情，一定要冷静，先问问对方手中是男孩还是女孩，长什么样，穿什么衣服，如果对方所陈述内容与孩子相符，尽快报警，以便公安机关查出真相。如果你所问的情况对方回答不上来或有误，一定是有诈。

（6）“你好，你的朋友为你点播了一首歌曲，以此表达他的思念和祝福，请你拨打×××收听。”当你拨打收听时，你的话费余额一定会直线下降。

（7）“我在外地出差，我的手机很快就没有费了，麻烦你帮我买张充值卡，再用短信告知卡号与密码。”接到这种电话或信息，要核对对方真实身份。

（8）“你好，这里是中国移动（或联通）客户服务热线，由于我们工作失误，你的电话费这几个月共多收×××元，如确认退费请按×××”，类似电话接到后只要认真查看来电号码，就可识破骗局。

(9) “低值充值卡出售，本公司与电信制卡部门联合推出移动、联通手机卡充值，100 元面值的 38 元低价促销，诚招各地代理经销商。”如果你收到这样信息，请不要被低价与利润所诱惑，多问为什么，最好向移动与联通客户服务中心核实。

(10) 如果你收到未知电话号码，或响过两下就挂断的电话，不要随便回复。部分 0941、0951 开头的号码中有的是加值付费电话，接到这两个号码开头的电话或陌生来电，一定要小心核对再行回复。

(11) 如果你接到不熟悉的电话，对方自称为你好友，并让你猜其身份，请不要跟他捉迷藏，直接问他是谁，如果是你好友，简单核对就清楚。

(12) 对打着上级领导身边工作人员的旗号，要求你帮忙处理领导个人事务的电话，请你多长个心眼，不要急于付钱，待核实该人身份后再帮忙也不迟。

### 4. 识别真假人民币

在骗子诈骗中，其中骗子经常用的一个伎俩就是用假钱换你真钱，由于现在仿真技术越来越高，如果不仔细辨别，一般人还真分不清哪是假钱哪是真钱。

识别假人民币的最简单方法可以概括为“一看、二摸、三听、四测”。

一看：看钞票的水印是否清晰，有无层次感和立体效果；看安全线；看整张票面图案是否统一。

二摸：第四套人民币 5 元以上券均采用了凹版印刷，触摸票面上凹印部位的线条，看是否有凹凸感。

三听：钞票纸张是特殊纸张，用手抖动会发出清脆的声音。

四测：用磁性仪检测磁性印记，用放大镜检测图案印刷的接线技术及底纹线条。

第五套人民币防伪特征如下：

（1）100 元、50 元真假区分方法。

①固定人像水印。均位于票面正面左侧空白处，迎光透视，可以看到立体感很强的水印。100 元、50 元纸币的固定水印均为毛泽东头像图案。

②手工雕刻头像。正面主景均为毛泽东头像，采用手工雕刻

凹版印刷工艺，形象逼真、传神，凹凸感强，易于识别。

③隐形面额数字。正面右上方均有一装饰图案，将票面置于与眼睛接近平行的位置，面对光源作平面旋转一定角度，分别可看到面额数字“100”、“50”。

④胶印缩微文字。正面胶印图案中，多处均印有缩微文字。100 元的缩微文字为“RMB”和“RMB100”；50 元的为“50”和“RMB50”。

⑤雕刻凹版印刷。正面主景毛泽东头像，“中国人民银行”行名，面额数字、盲文面额标记和背面主景图案等均采用雕刻凹版印刷，用手指触摸有明显凹凸感。

⑥横竖双号码。100 元、50 元纸币票面正面均采用横竖双号码印刷，横号码均为黑色，竖号码分别为蓝色和红色。

⑦红、蓝彩色纤维。在票面上均可以看到纸张中有不规则分布的红色和蓝色纤维。

⑧安全线。在票面正面中间偏左，均有一条安全线。100 元、50 元纸币的安全线，迎光透视，分别可以看到缩微文字“RMB100”、“RMB50”。

⑨光变油墨面额数字。100 元、50 元票面正面左下方分别印有“100”、“50”字样，与票面垂直角度观察分别为绿色和金色，旋转一定角度则分别变为蓝色和绿色。

⑩阴阳互补对印图案。100 元、50 元票面正面左下角和背面右下角均有一圆形局部图案，迎光透视，均可以看到正背面图案合并组成一个完整的古钱币图案。

（2）20 元、10 元纸币。

①固定花卉水印。均位于票面正面左侧空白处，迎光透视，

可以看到立体感很强的水印。20 元、10 元纸币的固定水印分别为荷花、月季花图案。

②手工雕刻头像。正面主景均为毛泽东头像，采用手工雕刻凹版印刷工艺，形象逼真、传神，凹凸感强，易于识别。

③隐形面额数字。正面右上方均有一装饰图案，将票面置于与眼睛接近平行的位置，面对光源作平面旋转一定角度，分别可看到面额数字“20”、“10”。

④胶印缩微文字。正面或背面胶印图案中，多处均印有缩微文字。20 元的缩微文字为“RMB20”；10 元的为“RMB10”。

⑤雕刻凹版印刷。正面主景毛泽东头像，“中国人民银行”行名，面额数字、盲文面额标记和 10 元纸币背面主景图案等均采用雕刻凹版印刷，用手指触摸有明显凹凸感。

⑥双色横号码。20 元、10 元票面正面均采用双色：横号码印刷，左侧部分均为红色，右侧部分均为黑色。

⑦红、蓝彩色纤维。在票面上均可以看到纸张中有不规则分布的红色和蓝色纤维。

⑧安全线。在票面正面中间偏左，均有一条安全线。20 元纸币安全线迎光观察，可看到钞票纸中有一条明暗相间的安全线；10 元纸币安全线为开窗式，即安全线局部埋入纸张中，局部裸露在纸面上，开窗部分可以看到由缩微字符“￥10”组成的全息图案。

⑨阴阳互补对印图案。10 元票面正面左下角和背面右下角均有一圆形局部图案，迎光透视，可以看到正背面图案合并组成一个完整的古钱币图案。

⑩白水印。10 元票面正面在双色横号码下方，迎光透视，

可以看到透光性很强的水印图案“10”。

（3）5元、1元纸币。

①固定花卉水印。均位于票面正面左侧空白处，迎光透视，可以看到立体感很强的水印。5元、1元纸币的固定水印分别为水仙花和兰花图案。

②手工雕刻头像。正面主景均为毛泽东头像，采用手工雕刻凹版印刷工艺，形象逼真、传神，凹凸感强，易于识别。

③隐形面额数字。正面右上方均有一装饰图案，将票面置于与眼睛接近平行的位置，面对光源作平面旋转一定角度，分别可看到面额数字“5”、“1”。

④胶印缩微文字。正面或背面胶印图案中，多处均印有缩微文字。5元的缩微文字为“RMB5”和“5”字样，1元的为“人民币”和“RMB1”字样。

⑤雕刻凹版印刷。正面主景毛泽东头像，“中国人民银行”行名，面额数字、盲文画额标记和5元纸币背面主景图案等均采用雕刻凹版印刷，用手指触摸有明显凹凸感。

⑥双色横号码。5元、1元票面正面均采用双色横号码印刷，左侧部分均为红色，右侧部分均为黑色。

⑦红、蓝彩色纤维。在票面上均可以看到纸张中有不规则分布的红色和蓝色纤维。

⑧安全线。在5元纸币票面正面中间偏左有一条安全线。安全线为开窗式，即安全线局部埋入纸张中，局部裸露在纸面上，开窗部分可以看到由缩微字符“￥5”组成的全息图案。

⑨白水印。5元票面正面在双色横号码下方，迎光透视，可以看到透光性很强的水印图案“5”。

# 附　录

## 中华人民共和国劳动合同法

（2007年6月29日第十届全国人民代表大会常务委员会第二十八次会议通过）

### 目　录



### 第一章　总　则

第一条　为了完善劳动合同制度，明确劳动合同双方当事人的权利和义务，保护劳动者的合法权益，构建和发展和谐稳定的劳动关系，制定本法。

第二条　中华人民共和国境内的企业、个体经济组织、民办非企业单位等组织（以下称用人单位）与劳动者建立劳动关系，订立、履行、变更、解除或者终止劳动合同，适用本法。

国家机关、事业单位、社会团体和与其建立劳动关系的劳动者，订立、履行、变更、解除或者终止劳动合同，依照本法执行。

第三条　订立劳动合同，应当遵循合法、公平、平等自愿、协商一致、诚实信用的原则。

依法订立的劳动合同具有约束力，用人单位与劳动者应当履行劳动合同约定的义务。

第四条　用人单位应当依法建立和完善劳动规章制度，保障劳动者享有劳动权利、履行劳动义务。

用人单位在制定、修改或者决定有关劳动报酬、工作时间、休息休假、劳动安全卫生、保险福利、职工培训、劳动纪律以及劳动定额管理等直接涉及劳动者切身利益的规章制度或者重大事项时，应当经职工代表大会或者全体职工讨论，提出方案和意见，与工会或者职工代表平等协商确定。

在规章制度和重大事项决定实施过程中，工会或者职工认为不适当的，有权向用人单位提出，通过协商予以修改完善。

用人单位应当将直接涉及劳动者切身利益的规章制度和重大事项决定公示，或者告知劳动者。

第五条　县级以上人民政府劳动行政部门会同工会和企业方面代表，建立健全协调劳动关系三方机制，共同研究解决有关劳动关系的重大问题。

第六条　工会应当帮助、指导劳动者与用人单位依法订立和履行劳动合同，并与用人单位建立集体协商机制，维护劳动者的合法权益。

## 第二章　劳动合同的订立

第七条　用人单位自用工之日起即与劳动者建立劳动关系。用人单位应当建立职工名册备查。

第八条　用人单位招用劳动者时，应当如实告知劳动者工作内容、工作条件、工作地点、职业危害、安全生产状况、劳动报酬，以及劳动者要求了解的其他情况；用人单位有权了解劳动者与劳动合同直接相关的基本情况，劳动者应当如实说明。

第九条　用人单位招用劳动者，不得扣押劳动者的居民身份证和其他证件，不得要求劳动者提供担保或者以其他名义向劳动者收取财物。

第十条　建立劳动关系，应当订立书面劳动合同。

已建立劳动关系，未同时订立书面劳动合同的，应当自用工之日起一个月内订立书面劳动合同。

用人单位与劳动者在用工前订立劳动合同的，劳动关系自用工之日起建立。

第十一条　用人单位未在用工的同时订立书面劳动合同，与劳动者约定的劳动报酬不明确的，新招用的劳动者的劳动报酬按照集体合同规定的标准执行；没有集体合同或者集体合同未规定的，实行同工同酬。

第十二条　劳动合同分为固定期限劳动合同、无固定期限劳动合同和以完成一定工作任务为期限的劳动合同。

第十三条　固定期限劳动合同，是指用人单位与劳动者约定合同终止时间的劳动合同。

用人单位与劳动者协商一致，可以订立固定期限劳动合同。

第十四条　无固定期限劳动合同，是指用人单位与劳动者约定无确定终止时间的劳动合同。

用人单位与劳动者协商一致，可以订立无固定期限劳动合同。有下列情形之一，劳动者提出或者同意续订、订立劳动合同的，除劳动者提出订立固定期限劳动合同外，应当订立无固定期限劳动合同：

（一）劳动者在该用人单位连续工作满十年的；

（二）用人单位初次实行劳动合同制度或者国有企业改制重新订立劳动合同时，劳动者在该用人单位连续工作满十年且距法定退休年龄不足十年的；

（三）连续订立两次固定期限劳动合同，且劳动者没有本法第三十九条和第四十条第一项、第二项规定的情形，续订劳动合同的。

用人单位自用工之日起满一年不与劳动者订立书面劳动合同的，视为用人单位与劳动者已订立无固定期限劳动合同。

第十五条　以完成一定工作任务为期限的劳动合同，是指用人单位与劳动者约定以某项工作的完成为合同期限的劳动合同。

用人单位与劳动者协商一致，可以订立以完成一定工作任务为期限的劳动合同。

第十六条　劳动合同由用人单位与劳动者协商一致，并经用人单位与劳动者在劳动合同文本上签字或者盖章生效。

劳动合同文本由用人单位和劳动者各执一份。

第十七条　劳动合同应当具备以下条款：

（一）用人单位的名称、住所和法定代表人或者主要负责人；

（二）劳动者的姓名、住址和居民身份证或者其他有效身份证件号码；

（三）劳动合同期限；

（四）工作内容和工作地点；

（五）工作时间和休息休假；

（六）劳动报酬；

（七）社会保险；

（八）劳动保护、劳动条件和职业危害防护；

（九）法律、法规规定应当纳入劳动合同的其他事项。

劳动合同除前款规定的必备条款外，用人单位与劳动者可以约定试用期、培训、保守秘密、补充保险和福利待遇等其他事项。

第十八条　劳动合同对劳动报酬和劳动条件等标准约定不明确，引发争议的，用人单位与劳动者可以重新协商；协商不成的，适用集体合同规定；没有集体合同或者集体合同未规定劳动报酬的，实行同工同酬；没有集体合同或者集体合同未规定劳动条件等标准的，适用国家有关规定。

第十九条　劳动合同期限三个月以上不满一年的，试用期不得超过一个月；劳动合同期限一年以上不满三年的，试用期不得超过两个月；三年以上固定期限和无固定期限的劳动合同，试用期不得超过六个月。

同一用人单位与同一劳动者只能约定一次试用期。

以完成一定工作任务为期限的劳动合同或者劳动合同期限不满三个月的，不得约定试用期。

试用期包含在劳动合同期限内。劳动合同仅约定试用期的，试用期不成立，该期限为劳动合同期限。

第二十条　劳动者在试用期的工资不得低于本单位相同岗位最低档工资或者劳动合同约定工资的百分之八十，并不得低于用人单位所在地的最低工资标准。

第二十一条　在试用期中，除劳动者有本法第三十九条和第四十条第一项、第二项规定的情形外，用人单位不得解除劳动合同。用人单位在试用期解除劳动合同的，应当向劳动者说明理由。

第二十二条　用人单位为劳动者提供专项培训费用，对其进行专业技术培训的，可以与该劳动者订立协议，约定服务期。

劳动者违反服务期约定的，应当按照约定向用人单位支付违约金。违约金的数额不得超过用人单位提供的培训费用。用人单位要求劳动者支付的违约金不得超过服务期尚未履行部分所应分摊的培训费用。

用人单位与劳动者约定服务期的，不影响按照正常的工资调整机制提高劳动者在服务期期间的劳动报酬。

第二十三条　用人单位与劳动者可以在劳动合同中约定保守用人单位的商业秘密和与知识产权相关的保密事项。

对负有保密义务的劳动者，用人单位可以在劳动合同或者保密协议中与劳动者约定竞业限制条款，并约定在解除或者终止劳动合同后，在竞业限制期限内按月给予劳动者经济补偿。劳动者违反竞业限制约定的，应当按照约定向用人单位支付违约金。

第二十四条　竞业限制的人员限于用人单位的高级管理人员、高级技术人员和其他负有保密义务的人员。竞业限制的范围、地域、期限由用人单位与劳动者约定，竞业限制的约定不得违反法律、法规的规定。

在解除或者终止劳动合同后，前款规定的人员到与本单位生产或者经营同类产品、从事同类业务的有竞争关系的其他用人单位，或者自己开业生产或者经营同类产品、从事同类业务的竞业限制期限，不得超过两年。

第二十五条　除本法第二十二条和第二十三条规定的情形外，用人单位不得与劳动者约定由劳动者承担违约金。

第二十六条　下列劳动合同无效或者部分无效：

（一）以欺诈、胁迫的手段或者乘人之危，使对方在违背真实意思的情况下订立或者变更劳动合同的；

（二）用人单位免除自己的法定责任、排除劳动者权利的；

（三）违反法律、行政法规强制性规定的。

对劳动合同的无效或者部分无效有争议的，由劳动争议仲裁机构或者人民法院确认。

第二十七条　劳动合同部分无效，不影响其他部分效力的，其他部分仍然有效。

第二十八条　劳动合同被确认无效，劳动者已付出劳动的，用人单位应当向劳动者支付劳动报酬。劳动报酬的数额，参照本单位相同或者相近岗位劳动者的劳动报酬确定。

## 第三章　劳动合同的履行和变更

第二十九条　用人单位与劳动者应当按照劳动合同的约定，全面履行各自的义务。

第三十条　用人单位应当按照劳动合同约定和国家规定，向劳动者及时足额支付劳动报酬。

用人单位拖欠或者未足额支付劳动报酬的，劳动者可以依法向当地人民法院申请支付令，人民法院应当依法发出支付令。

第三十一条　用人单位应当严格执行劳动定额标准，不得强迫或者变相强迫劳动者加班。用人单位安排加班的，应当按照国家有关规定向劳动者支付加班费。

第三十二条　劳动者拒绝用人单位管理人员违章指挥、强令冒险作业的，不视为违反劳动合同。

劳动者对危害生命安全和身体健康的劳动条件，有权对用人单位提出批评、检举和控告。

第三十三条　用人单位变更名称、法定代表人、主要负责人或者投资人等事项，不影响劳动合同的履行。

第三十四条　用人单位发生合并或者分立等情况，原劳动合同继续有效，劳动合同由承继其权利和义务的用人单位继续履行。

第三十五条　用人单位与劳动者协商一致，可以变更劳动合同约定的内容。变更劳动合同，应当采用书面形式。

变更后的劳动合同文本由用人单位和劳动者各执一份。

## 第四章　劳动合同的解除和终止

第三十六条　用人单位与劳动者协商一致，可以解除劳动合同。

第三十七条　劳动者提前三十日以书面形式通知用人单位，可以解除劳动合同。劳动者在试用期内提前三日通知用人单位，可以解除劳动合同。

第三十八条　用人单位有下列情形之一的，劳动者可以解除劳动合同：

（一）未按照劳动合同约定提供劳动保护或者劳动条件的；

（二）未及时足额支付劳动报酬的；

（三）未依法为劳动者缴纳社会保险费的；

（四）用人单位的规章制度违反法律、法规的规定，损害劳动者权益的；

（五）因本法第二十六条第一款规定的情形致使劳动合同无效的；

（六）法律、行政法规规定劳动者可以解除劳动合同的其他情形。

用人单位以暴力、威胁或者非法限制人身自由的手段强迫劳动者劳动的，或者用人单位违章指挥、强令冒险作业危及劳动者人身安全的，劳动者可以立即解除劳动合同，不需事先告知用人单位。

第三十九条　劳动者有下列情形之一的，用人单位可以解除劳动合同：

（一）在试用期间被证明不符合录用条件的；

（二）严重违反用人单位的规章制度的；

（三）严重失职，营私舞弊，给用人单位造成重大损害的；

（四）劳动者同时与其他用人单位建立劳动关系，对完成本单位的工作任务造成严重影响，或者经用人单位提出，拒不改正的；

（五）因本法第二十六条第一款第一项规定的情形致使劳动合同无效的；

（六）被依法追究刑事责任的。

第四十条　有下列情形之一的，用人单位提前三十日以书面形式通知劳动者本人或者额外支付劳动者一个月工资后，可以解除劳动合同：

（一）劳动者患病或者非因工负伤，在规定的医疗期满后不能从事原工作，也不能从事由用人单位另行安排的工作的；

（二）劳动者不能胜任工作，经过培训或者调整工作岗位，仍不能胜任工作的；

（三）劳动合同订立时所依据的客观情况发生重大变化，致使劳动合同无法履行，经用人单位与劳动者协商，未能就变更劳动合同内容达成协议的。

第四十一条　有下列情形之一，需要裁减人员二十人以上或者裁减不足二十人但占企业职工总数百分之十以上的，用人单位提前三十日向工会或者全体职工说明情况，听取工会或者职工的意见后，裁减人员方案经向劳动行政部门报告，可以裁减人员：

（一）依照企业破产法规定进行重整的；

（二）生产经营发生严重困难的；

（三）企业转产、重大技术革新或者经营方式调整，经变更劳动合同后，仍需裁减人员的；

（四）其他因劳动合同订立时所依据的客观经济情况发生重大变化，致使劳动合同无法履行的。

裁减人员时，应当优先留用下列人员：

（一）与本单位订立较长期限的固定期限劳动合同的；

（二）与本单位订立无固定期限劳动合同的；

（三）家庭无其他就业人员，有需要扶养的老人或者未成年人的。

用人单位依照本条第一款规定裁减人员，在六个月内重新招用人员的，应当通知被裁减的人员，并在同等条件下优先招用被裁减的人员。

第四十二条　劳动者有下列情形之一的，用人单位不得依照本法第四十条、第四十一条的规定解除劳动合同：

（一）从事接触职业病危害作业的劳动者未进行离岗前职业健康检查，或者疑似职业病病人在诊断或者医学观察期间的；

（二）在本单位患职业病或者因工负伤并被确认丧失或者部分丧失劳动能力的；

（三）患病或者非因工负伤，在规定的医疗期内的；

（四）女职工在孕期、产期、哺乳期的；

（五）在本单位连续工作满十五年，且距法定退休年龄不足五年的；

（六）法律、行政法规规定的其他情形。

第四十三条　用人单位单方解除劳动合同，应当事先将理由通知工会。用人单位违反法律、行政法规规定或者劳动合同约定的，工会有权要求用人单位纠正。用人单位应当研究工会的意见，并将处理结果书面通知工会。

第四十四条　有下列情形之一的，劳动合同终止：

（一）劳动合同期满的；

（二）劳动者开始依法享受基本养老保险待遇的；

（三）劳动者死亡，或者被人民法院宣告死亡或者宣告失踪的；

（四）用人单位被依法宣告破产的；

（五）用人单位被吊销营业执照、责令关闭、撤销或者用人单位决定提前解散的；

（六）法律、行政法规规定的其他情形。

第四十五条　劳动合同期满，有本法第四十二条规定情形之一的，劳动合同应当续延至相应的情形消失时终止。但是，本法第四十二条第二项规定丧失或者部分丧失劳动能力劳动者的劳动合同的终止，按照国家有关工伤保险的规定执行。

第四十六条　有下列情形之一的，用人单位应当向劳动者支付经济补偿：

（一）劳动者依照本法第三十八条规定解除劳动合同的；

（二）用人单位依照本法第三十六条规定向劳动者提出解除劳动合同并与劳动者协商一致解除劳动合同的；

（三）用人单位依照本法第四十条规定解除劳动合同的；

（四）用人单位依照本法第四十一条第一款规定解除劳动合同的；

（五）除用人单位维持或者提高劳动合同约定条件续订劳动合同，劳动者不同意续订的情形外，依照本法第四十四条第一项规定终止固定期限劳动合同的；

（六）依照本法第四十四条第四项、第五项规定终止劳动合同的；

（七）法律、行政法规规定的其他情形。

第四十七条　经济补偿按劳动者在本单位工作的年限，每满一年支付一个月工资的标准向劳动者支付。六个月以上不满一年的，按一年计算；不满六个月的，向劳动者支付半个月工资的经济补偿。

劳动者月工资高于用人单位所在直辖市、设区的市级人民政府公布的本地区上年度职工月平均工资三倍的，向其支付经济补偿的标准按职工月平均工资三倍的数额支付，向其支付经济补偿的年限最高不超过十二年。

本条所称月工资是指劳动者在劳动合同解除或者终止前十二个月的平均工资。

第四十八条　用人单位违反本法规定解除或者终止劳动合同，劳动者要求继续履行劳动合同的，用人单位应当继续履行；劳动者不要求继续履行劳动合同或者劳动合同已经不能继续履行的，用人单位应当依照本法第八十七条规定支付赔偿金。

第四十九条　国家采取措施，建立健全劳动者社会保险关系跨地区转移接续制度。

第五十条　用人单位应当在解除或者终止劳动合同时出具解除或者终止劳动合同的证明，并在十五日内为劳动者办理档案和社会保险关系转移手续。

劳动者应当按照双方约定，办理工作交接。用人单位依照本法有关规定应当向劳动者支付经济补偿的，在办结工作交接时支付。

用人单位对已经解除或者终止的劳动合同的文本，至少保存两年备查。

## 第五章　特别规定

### 第一节　集体合同

第五十一条　企业职工一方与用人单位通过平等协商，可以就劳动报酬、工作时间、休息休假、劳动安全卫生、保险福利等事项订立集体合同。集体合同草案应当提交职工代表大会或者全体职工讨论通过。

集体合同由工会代表企业职工一方与用人单位订立；尚未建

立工会的用人单位，由上级工会指导劳动者推举的代表与用人单位订立。

第五十二条　企业职工一方与用人单位可以订立劳动安全卫生、女职工权益保护、工资调整机制等专项集体合同。

第五十三条　在县级以下区域内，建筑业、采矿业、餐饮服务业等行业可以由工会与企业方面代表订立行业性集体合同，或者订立区域性集体合同。

第五十四条　集体合同订立后，应当报送劳动行政部门；劳动行政部门自收到集体合同文本之日起十五日内未提出异议的，集体合同即行生效。

依法订立的集体合同对用人单位和劳动者具有约束力。行业性、区域性集体合同对当地本行业、本区域的用人单位和劳动者具有约束力。

第五十五条　集体合同中劳动报酬和劳动条件等标准不得低于当地人民政府规定的最低标准；用人单位与劳动者订立的劳动合同中劳动报酬和劳动条件等标准不得低于集体合同规定的标准。

第五十六条　用人单位违反集体合同，侵犯职工劳动权益的，工会可以依法要求用人单位承担责任；因履行集体合同发生争议，经协商解决不成的，工会可以依法申请仲裁、提起诉讼。

### 第二节　劳 务 派 遣

第五十七条　劳务派遣单位应当依照公司法的有关规定设立，注册资本不得少于五十万元。

第五十八条　劳务派遣单位是本法所称用人单位，应当履行用人单位对劳动者的义务。劳务派遣单位与被派遣劳动者订立的劳动合同，除应当载明本法第十七条规定的事项外，还应当载明被派遣劳动者的用工单位以及派遣期限、工作岗位等情况。

劳务派遣单位应当与被派遣劳动者订立二年以上的固定期限劳动合同，按月支付劳动报酬；被派遣劳动者在无工作期间，劳务派遣单位应当按照所在地人民政府规定的最低工资标准，向其按月支付报酬。

第五十九条　劳务派遣单位派遣劳动者应当与接受以劳务派遣形式用工的单位（以下称用工单位）订立劳务派遣协议。劳务派遣协议应当约定派遣岗位和人员数量、派遣期限、劳动报酬和社会保险费的数额与支付方式以及违反协议的责任。

用工单位应当根据工作岗位的实际需要与劳务派遣单位确定派遣期限，不得将连续用工期限分割订立数个短期劳务派遣协议。

第六十条　劳务派遣单位应当将劳务派遣协议的内容告知被派遣劳动者。

劳务派遣单位不得克扣用工单位按照劳务派遣协议支付给被派遣劳动者的劳动报酬。

劳务派遣单位和用工单位不得向被派遣劳动者收取费用。

第六十一条　劳务派遣单位跨地区派遣劳动者的，被派遣劳动者享有的劳动报酬和劳动条件，按照用工单位所在地的标准执行。

第六十二条　用工单位应当履行下列义务：

（一）执行国家劳动标准，提供相应的劳动条件和劳动保护；

（二）告知被派遣劳动者的工作要求和劳动报酬；

（三）支付加班费、绩效奖金，提供与工作岗位相关的福利待遇；

（四）对在岗被派遣劳动者进行工作岗位所必需的培训；

（五）连续用工的，实行正常的工资调整机制。

用工单位不得将被派遣劳动者再派遣到其他用人单位。

第六十三条　被派遣劳动者享有与用工单位的劳动者同工同酬的权利。用工单位无同类岗位劳动者的，参照用工单位所在地相同或者相近岗位劳动者的劳动报酬确定。

第六十四条　被派遣劳动者有权在劳务派遣单位或者用工单位依法参加或者组织工会，维护自身的合法权益。

第六十五条　被派遣劳动者可以依照本法第三十六条、第三十八条的规定与劳务派遣单位解除劳动合同。

被派遣劳动者有本法第三十九条和第四十条第一项、第二项规定情形的，用工单位可以将劳动者退回劳务派遣单位，劳务派遣单位依照本法有关规定，可以与劳动者解除劳动合同。

第六十六条　劳务派遣一般在临时性、辅助性或者替代性的工作岗位上实施。

第六十七条　用人单位不得设立劳务派遣单位向本单位或者所属单位派遣劳动者。

## 第三节　非全日制用工

第六十八条　非全日制用工，是指以小时计酬为主，劳动者在同一用人单位一般平均每日工作时间不超过四小时，每周工作时间累计不超过二十四小时的用工形式。

第六十九条　非全日制用工双方当事人可以订立口头协议。

从事非全日制用工的劳动者可以与一个或者一个以上用人单

位订立劳动合同；但是，后订立的劳动合同不得影响先订立的劳动合同的履行。

第七十条　非全日制用工双方当事人不得约定试用期。

第七十一条　非全日制用工双方当事人任何一方都可以随时通知对方终止用工。终止用工，用人单位不向劳动者支付经济补偿。

第七十二条　非全日制用工小时计酬标准不得低于用人单位所在地人民政府规定的最低小时工资标准。

非全日制用工劳动报酬结算支付周期最长不得超过十五日。

## 第六章　监督检查

第七十三条　国务院劳动行政部门负责全国劳动合同制度实施的监督管理。

县级以上地方人民政府劳动行政部门负责本行政区域内劳动合同制度实施的监督管理。

县级以上各级人民政府劳动行政部门在劳动合同制度实施的监督管理工作中，应当听取工会、企业方面代表以及有关行业主管部门的意见。

第七十四条　县级以上地方人民政府劳动行政部门依法对下列实施劳动合同制度的情况进行监督检查：

（一）用人单位制定直接涉及劳动者切身利益的规章制度及其执行的情况；

（二）用人单位与劳动者订立和解除劳动合同的情况；

（三）劳务派遣单位和用工单位遵守劳务派遣有关规定的情况；

（四）用人单位遵守国家关于劳动者工作时间和休息休假规

定的情况；

（五）用人单位支付劳动合同约定的劳动报酬和执行最低工资标准的情况；

（六）用人单位参加各项社会保险和缴纳社会保险费的情况；

（七）法律、法规规定的其他劳动监察事项。

第七十五条　县级以上地方人民政府劳动行政部门实施监督检查时，有权查阅与劳动合同、集体合同有关的材料，有权对劳动场所进行实地检查，用人单位和劳动者都应当如实提供有关情况和材料。

劳动行政部门的工作人员进行监督检查，应当出示证件，依法行使职权，文明执法。

第七十六条　县级以上人民政府建设、卫生、安全生产监督管理等有关主管部门在各自职责范围内，对用人单位执行劳动合同制度的情况进行监督管理。

第七十七条　劳动者合法权益受到侵害的，有权要求有关部门依法处理，或者依法申请仲裁、提起诉讼。

第七十八条　工会依法维护劳动者的合法权益，对用人单位履行劳动合同、集体合同的情况进行监督。用人单位违反劳动法律、法规和劳动合同、集体合同的，工会有权提出意见或者要求纠正；劳动者申请仲裁、提起诉讼的，工会依法给予支持和帮助。

第七十九条　任何组织或者个人对违反本法的行为都有权举报，县级以上人民政府劳动行政部门应当及时核实、处理，并对举报有功人员给予奖励。

## 第七章　法律责任

第八十条　用人单位直接涉及劳动者切身利益的规章制度违反法律、法规规定的，由劳动行政部门责令改正，给予警告；给劳动者造成损害的，应当承担赔偿责任。

第八十一条　用人单位提供的劳动合同文本未载明本法规定的劳动合同必备条款或者用人单位未将劳动合同文本交付劳动者的，由劳动行政部门责令改正；给劳动者造成损害的，应当承担赔偿责任。

第八十二条　用人单位自用工之日起超过一个月不满一年未与劳动者订立书面劳动合同的，应当向劳动者每月支付两倍的工资。

用人单位违反本法规定不与劳动者订立无固定期限劳动合同的，自应当订立无固定期限劳动合同之日起向劳动者每月支付两倍的工资。

第八十三条　用人单位违反本法规定与劳动者约定试用期的，由劳动行政部门责令改正；违法约定的试用期已经履行的，由用人单位以劳动者试用期满月工资为标准，按已经履行的超过法定试用期的期间向劳动者支付赔偿金。

第八十四条　用人单位违反本法规定，扣押劳动者居民身份证等证件的，由劳动行政部门责令限期退还劳动者本人，并依照有关法律规定给予处罚。

用人单位违反本法规定，以担保或者其他名义向劳动者收取财物的，由劳动行政部门责令限期退还劳动者本人，并以每人五百元以上二千元以下的标准处以罚款；给劳动者造成损害的，应当承担赔偿责任。

劳动者依法解除或者终止劳动合同，用人单位扣押劳动者档案或者其他物品的，依照前款规定处罚。

第八十五条　用人单位有下列情形之一的，由劳动行政部门责令限期支付劳动报酬、加班费或者经济补偿；劳动报酬低于当地最低工资标准的，应当支付其差额部分；逾期不支付的，责令用人单位按应付金额百分之五十以上百分之一百以下的标准向劳动者加付赔偿金：

（一）未按照劳动合同的约定或者国家规定及时足额支付劳动者劳动报酬的；

（二）低于当地最低工资标准支付劳动者工资的；

（三）安排加班不支付加班费的；

（四）解除或者终止劳动合同，未依照本法规定向劳动者支付经济补偿的。

第八十六条　劳动合同依照本法第二十六条规定被确认无效，给对方造成损害的，有过错的一方应当承担赔偿责任。

第八十七条　用人单位违反本法规定解除或者终止劳动合同的，应当依照本法第四十七条规定的经济补偿标准的两倍向劳动者支付赔偿金。

第八十八条　用人单位有下列情形之一的，依法给予行政处罚；构成犯罪的，依法追究刑事责任；给劳动者造成损害的，应当承担赔偿责任：

（一）以暴力、威胁或者非法限制人身自由的手段强迫劳动的；

（二）违章指挥或者强令冒险作业危及劳动者人身安全的；

（三）侮辱、体罚、殴打、非法搜查或者拘禁劳动者的；

（四）劳动条件恶劣、环境污染严重，给劳动者身心健康造成严重损害的。

第八十九条　用人单位违反本法规定未向劳动者出具解除或者终止劳动合同的书面证明，由劳动行政部门责令改正；给劳动者造成损害的，应当承担赔偿责任。

第九十条　劳动者违反本法规定解除劳动合同，或者违反劳动合同中约定的保密义务或者竞业限制，给用人单位造成损失的，应当承担赔偿责任。

第九十一条　用人单位招用与其他用人单位尚未解除或者终止劳动合同的劳动者，给其他用人单位造成损失的，应当承担连带赔偿责任。

第九十二条　劳务派遣单位违反本法规定的，由劳动行政部门和其他有关主管部门责令改正；情节严重的，以每人一千元以上五千元以下的标准处以罚款，并由工商行政管理部门吊销营业执照；给被派遣劳动者造成损害的，劳务派遣单位与用工单位承担连带赔偿责任。

第九十三条　对不具备合法经营资格的用人单位的违法犯罪行为，依法追究法律责任；劳动者已经付出劳动的，该单位或者其出资人应当依照本法有关规定向劳动者支付劳动报酬、经济补偿、赔偿金；给劳动者造成损害的，应当承担赔偿责任。

第九十四条　个人承包经营违反本法规定招用劳动者，给劳动者造成损害的，发包的组织与个人承包经营者承担连带赔偿责任。

第九十五条　劳动行政部门和其他有关主管部门及其工作人员玩忽职守、不履行法定职责，或者违法行使职权，给劳动者或者用人单位造成损害的，应当承担赔偿责任；对直接负责的主管人员和其他直接责任人员，依法给予行政处分；构成犯罪的，依法追究刑事责任。

## 第八章　附　　则

第九十六条　事业单位与实行聘用制的工作人员订立、履行、变更、解除或者终止劳动合同，法律、行政法规或者国务院另有规定的，依照其规定；未作规定的，依照本法有关规定执行。

第九十七条　本法施行前已依法订立且在本法施行之日存续的劳动合同，继续履行；本法第十四条第二款第三项规定连续订立固定期限劳动合同的次数，自本法施行后续订固定期限劳动合同时开始计算。

本法施行前已建立劳动关系，尚未订立书面劳动合同的，应当自本法施行之日起一个月内订立。

本法施行之日存续的劳动合同在本法施行后解除或者终止，依照本法第四十六条规定应当支付经济补偿的，经济补偿年限自本法施行之日起计算；本法施行前按照当时有关规定，用人单位应当向劳动者支付经济补偿的，按照当时有关规定执行。

第九十八条　本法自 2008 年 1 月 1 日起施行。

资料来源：中国政府网